A Mente Inabalável

A Mente Inabalável

Como Superar as Dificuldades da Vida

Ryuho Okawa

1ª edição
5ª reimpressão

IRH Press do Brasil

Copyright © Ryuho Okawa 1988
Título do original em japonês: *Fudoshin – Jinsei no Kunan o Norikoeru Ho*
Título do original em inglês: *An Unshakable Mind – How to Overcome Life's Difficulties*

Tradução para o português: Happy Science
Imagem de capa: Dreamstime

O material deste livro é composto por uma seleção de várias palestras proferidas ao vivo por Ryuho Okawa.

IRH Press do Brasil Editora Limitada
Rua Domingos de Morais, 1154, 1º andar, sala 101
Vila Mariana, São Paulo – SP – Brasil

Nenhuma parte desta publicação poderá ser reproduzida, copiada, armazenada em sistema digital ou transferida por qualquer meio, eletrônico, mecânico, fotocópia, gravação ou quaisquer outros, sem que haja permissão por escrito emitida pela Happy Science – Ciência da Felicidade do Brasil.

1ª edição (2011)
1ª reimpressão (2016)
2ª reimpressão (2021)
3ª reimpressão (2023)
4ª reimpressão (2024)
5ª reimpressão (2025)

ISBN 978-85-64658-02-8

SUMÁRIO

Prefácio 9

Capítulo 1: O Iceberg da Vida 11
O Alicerce da Vida 11
A Forma do Iceberg 15
Suportar as Tempestades da Vida 16
Senso de Grande Estabilidade 20
Manter a Determinação 26

Capítulo 2: O Princípio da Acumulação 29
A Importância de um Único Dia 29
Disposição para Aprender 33
Os Efeitos do Acúmulo de Conhecimento
e de Experiência 37
Uma Colheita Inesperada 45
O Caminho para Reconstruir a Felicidade 48

CAPÍTULO 3: ENFRENTAR A ANSIEDADE E A ANGÚSTIA 51
   Os Diferentes Aspectos da Angústia 51
      Ansiedade na Vida 56
      Noites de Insônia 60
      O Sol Sempre se Levanta 66
      Dê Passos Firmes 71

CAPÍTULO 4: INFLUÊNCIAS ESPIRITUAIS COMO CAUSA DE SOFRIMENTO 77
   A Origem das Influências Espirituais Negativas 77
      Más Religiões 81
      Luxúria 84
      Tendências Animalescas 88
      Ódio 92

CAPÍTULO 5: VENCER INFLUÊNCIAS NEGATIVAS 97
   Enriqueça Sua Compreensão Espiritual 97
      Autoconfiança 102
      Autorreflexão 106
      A Filosofia do Pensamento Positivo 114
      Mergulhar no Trabalho 118

CAPÍTULO 6: A MENTE INABALÁVEL 123
   A Consciência de que Você É Filho de Deus 123
      Diamante Não Lapidado 129
      Despertar das Ilusões 133
      Disposição Altruísta 139
      Uma Mente Inabalável 144

Posfácio 147

Sobre o Autor 149

Quem é El Cantare? 150

Sobre a Happy Science 152

O sutra da Happy Science 154

Torne-se um membro! 155

Contatos 156

Outros Livros de Ryuho Okawa 159

PREFÁCIO

O propósito deste livro é explicar de que modo se pode crescer espiritualmente com base na compreensão do mundo espiritual.

Uma mente inabalável não pode ser conquistada da noite para o dia. Primeiro, é necessário construir uma base sólida, como a de um iceberg, que permanece submersa na água. Por isso, dediquei todo o segundo capítulo à explicação do conceito que chamei de "O Princípio da Acumulação".

No terceiro capítulo, "Enfrentar a Ansiedade e o Estresse", indico quais são as manifestações de uma mente inabalável, enquanto no quarto, "Influências Espirituais como Causa de Sofrimento", e no quinto, "Vencer Influências Negativas", faço uma análise dos fatores que podem gerar sofrimento e apresento maneiras concretas de superá-los.

Espero sinceramente que este livro sirva, como uma luz na escuridão, para guiar aqueles que estão em busca da Verdade e vivendo de acordo com ela.

Ryuho Okawa
Mestre e CEO do Grupo Happy Science
Junho de 1997

Capítulo 1

O ICEBERG
DA VIDA

O Alicerce da Vida

Neste livro, gostaria de mostrar, sob diferentes ângulos, como é possível superar as dificuldades e os sofrimentos da vida. O tema central é a mente inabalável.

O primeiro ponto que gostaria de considerar é o alicerce sobre o qual a vida deve ser construída, pois é fundamental saber se ele foi estabelecido de maneira firme ou não. Isso vale tanto para um indivíduo como para uma grande organização; sem uma base sólida, tanto o indivíduo como a empresa serão fracos. O mesmo pode ser dito a respeito de qualquer tipo de trabalho. Em todos os aspectos da vida, um alicerce forte é importante.

Pode-se dizer que o principal objetivo da educação escolar é fornecer um alicerce firme sobre o qual as pessoas possam construir sua vida. Aqueles que têm uma visão negativa dos sistemas educacionais costumam considerar a educação escolar como perda de tempo, argumentando que as pessoas deveriam ser livres para estudar o que quisessem e o quanto desejassem. No entanto, não se pode negar que uma educação bem estruturada ajuda a criar bases sólidas para a vida.

Ao longo da vida, somos forçados a tomar decisões e agir em muitas questões diferentes. E precisamos ter informações e razões que sirvam de base para essas decisões e ações. Sem um estoque de conhecimento, isso é impossível. Cozinhar é um bom exemplo disso. Se você tem a base necessária, pode fazer pratos diferentes todos os dias. Para conseguir preparar refeições continuamente, a pessoa precisa ter um conhecimento básico de culinária e saber dúzias ou até centenas de receitas, que constituem o alicerce de suas habilidades culinárias.

Outro bom exemplo é dirigir. Para dirigir um veículo, você precisa conhecer as regras e os regulamentos do trânsito, e saber lidar com diversas situações, como dirigir em ladeiras, sob chuva, dirigir à noite ou saber cruzar com outros veículos numa rua estreita. Esse conhecimento lhe dá as informações necessárias para tomar decisões. No entanto, se você não conhece as regras, não saberá o que fazer quando encontrar um carro que vem em direção contrária ou quando tiver de virar à esquerda ou à direita. Só com o conhecimento das regras de trânsito é que você poderá dirigir corretamente.

Da mesma forma, é muito importante possuir um alicerce firme na vida. Quanto mais sólido e abrangente ele for, mais profundas serão suas decisões e ações. De tempos em tempos, você deverá olhar para si mesmo e se perguntar se está fazendo um esforço diário para fortalecer o alicerce de sua vida. Se essa estrutura for inadequada, você descobrirá que, em muitas situações, as coisas não irão correr suavemente.

A construção do alicerce não deve se limitar à infância. Mesmo quando adulto, você deve continuar a construí-lo incansavelmente. Uma árvore cresce porque nunca cessa de absorver água e nutrientes pelas raízes. Mesmo depois de crescida, ela ainda precisa de água e nutrientes, do contrário morreria em uma semana. As árvores que vivem centenas de anos continuam incessantemente a absorver água e nutrir-se pelas raízes durante a vida toda.

Isso se aplica também a seres humanos. Ninguém pode dizer que, por ser uma "árvore" totalmente crescida, não precisa mais de água e nutrientes; na verdade, é importante que você continue a absorvê-los diariamente, a fim de fortalecer seu alicerce. Os seres humanos tendem a dar importância apenas à produção, mas se pensarem apenas em produzir, sem absorver o que é novo, ficarão exauridos em pouco tempo.

Podemos dizer o mesmo sobre as profissões. Há uma enorme diferença, por exemplo, entre um farmacêutico que continua a adquirir novas informações sobre substâncias e medicamentos, e outro cujo conhecimento não se expandiu desde que ele se formou na faculdade. Com empregados de uma empresa ocorre a mesma coisa. Não há comparação entre aqueles que estudam constantemente, adquirindo novas informações sobre economia ou outro assunto relacionado a seu trabalho, e aqueles que apenas cumprem as tarefas que lhes são designadas.

Essa diferença fica ainda mais evidente entre os engenheiros. Aqueles que estão sempre fazendo experiências, buscando aperfeiçoar suas habilidades, um dia conseguirão desenvolver novas tecnologias. O mesmo se aplica aos médicos; se um médico continuar a ampliar os conhecimentos em sua área e for capaz de compreender o sofrimento de seus pacientes, será reconhecido como um bom médico.

Então, em vez de ficar satisfeito com o alicerce que já estabeleceu para si e depois negligenciou, é importante que você se esforce diariamente para fortalecer essa estrutura que serve de base para sua vida. Mesmo que isso não pareça muito útil no presente momento, se você construir um alicerce forte, ele irá manter você em boas condições daqui a três, cinco ou dez anos.

A Forma do Iceberg

O alicerce sobre o qual construímos nossa vida pode ser comparado ao formato de um iceberg à deriva no mar. A parte do iceberg que pode ser vista fora da água representa apenas 10% ou 20% do tamanho total; embaixo fica a maior parte do bloco de gelo. Embora a parte visível possa parecer muito pequena, a parte submersa é surpreendentemente grande.

O iceberg precisa ter uma base ampla para manter-se estável enquanto flutua. Creio que deveríamos estudar essa forma e imitá-la. O que podemos aprender com o formato do iceberg? A resposta é estabilidade. Em vez de a peça de gelo ficar inteiramente exposta acima da superfície do oceano, a maior parte dela sempre permanece debaixo d'água. O iceberg desloca a água, que então gera uma força de impulsão que age para cima, e o mantém flutuando.

O mesmo ocorre na vida: à medida que a parte abaixo da superfície cresce, seu poder de flutuação também aumenta. A parte que não pode ser vista acima da superfície corresponde à parte de você que os outros não conseguem ver. Cada pessoa tem um "eu" exterior que é visível às outras pessoas e um "eu" interior invisível aos outros. De modo geral, as pessoas cujo eu interior é muito maior do que o eu exterior são consideradas possuidoras de grandeza de caráter. É pouco provável que você olhe para uma pessoa superficial e a considere digna de admiração. Uma pessoa realmente admirável tem uma grande profundidade interior e emana uma luz muito sutil, refinada.

Em resumo, a grandeza de caráter depende da firmeza do alicerce de uma pessoa, isto é, da parte que permanece oculta. Aqueles que revelam apenas uma pequena porção de si mesmos e têm uma vasta porção escondida, mantêm-se estáveis. Assim, quando você estiver trabalhando para criar o alicerce de sua vida, lembre-se de usar o iceberg como modelo.

Suportar as Tempestades da Vida

Uma das características mais surpreendentes de um iceberg é sua estabilidade diante de tempestades. Embora flutue no mar, ele se mantém tão estável quanto terra firme. Ele se assemelha a um enorme avião cargueiro em que, durante o voo, você pode caminhar por ele sem sentir qualquer movimento. Esse, com certeza, é o segredo para suportar as tempestades da vida. A pessoa que construiu uma estrutura sólida para servir de base à sua vida será capaz de suportar críticas e censuras, de superar sofrimentos e contratempos.

Costuma-se dizer que, quando jovens, as pessoas devem ler o maior número possível de livros, porque por meio de diferentes histórias poderão aprender muitas lições de vida sem ter de passar por certas experiências. Você não consegue mudar o ambiente no qual nasceu e foi criado, e o número de pessoas que vai conhecer durante a vida é limitado. Na maioria dos casos, um indivíduo experimenta alegria, tristeza e dor geralmente dentro de um pequeno grupo de pessoas. Por meio dos romances, porém, você pode aprender com as experiências de pessoas que vivem em ambientes totalmente diferentes do seu e, identificando-se com um ou outro personagem, conhecer outros aspectos da vida.

Dessa maneira, os romances podem enriquecer seu estoque de conhecimento sobre a vida. Ao observar como os personagens encaram e superam diferentes dificuldades, você pode se identificar com eles e decidir enfrentar os próprios problemas do mesmo modo. Dos muitos sofrimentos da vida, praticamente todos já foram usados como tema de romance. Os problemas mais comuns que afetam as pessoas são o desemprego, casamentos em desarmonia e doenças; todos esses, em algum momento, já serviram de tema para grandes escritores.

A leitura desses livros pode ajudá-lo a resolver seus problemas, pois você contará com a visão daqueles que têm uma perspectiva mais ampla. As causas de suas angústias e dificuldades parecerão mais óbvias para uma pessoa com uma compreensão mais profunda da vida humana. Um único livro pode conter sugestões que irão ajudá-lo a resolver seus problemas e, assim, diminuir seu sofrimento.

É possível aprender não apenas com os romances, mas também lendo livros de história. Claro, ninguém viveu exatamente a mesma vida que você, mas, embora as situações possam não ser idênticas, com certeza existem muitas pessoas que passaram por dificuldades bem parecidas com aquelas que você enfrenta agora. Ao descobrir como elas lidaram com os problemas e conseguiram superá-los, você será capaz de aprender métodos para vencer seus obstáculos.

Assim como os romances e os livros de história, há outro tipo de leitura que traz conforto às pessoas em períodos de sofrimento ou tristeza: as obras de grandes poetas. Quando você encontra uma poesia que o comove, talvez sinta uma grande paz ao perceber que outra pessoa está descrevendo sua situação presente e expressando os mesmos sentimentos que você está experimentando. Os grandes poetas têm olhos penetrantes que veem através da vida, e suas poesias emocionam o coração de quem as lê.

O mesmo acontece com as obras de arte. Um lindo quadro pode trazer muito conforto. Uma única bela pintura, na parede de um café, pode enriquecer a alma. A arte às vezes pode curar as feridas do coração de uma pessoa. A música dos grandes mestres também conforta e cura. Quando ouvimos uma obra-prima, as vibrações da alma entram em harmonia com as refinadas vibrações do compositor, e a música nos transporta para um mundo de grande paz.

Você também pode resolver seus problemas com a ajuda da religião. Se não achar uma solução na literatura, nas artes plásticas ou na música, poderá encontrar apoio nas palavras de grandes santos ou líderes religiosos do passado. Buda Shakyamuni, Jesus Cristo e Confúcio foram grandes mestres porque conseguiram ter uma visão abrangente dos problemas da vida e oferecer orientações para resolvê-los, usando seu intelecto altamente desenvolvido. Assim, quando os problemas estiverem girando sem parar em sua cabeça, leia e estude a filosofia desses grandes mestres, e isso o ajudará a vencer suas dificuldades.

Esse é um dos objetivos deste livro. Estas páginas foram escritas para que as pessoas cuja mente está em constante agitação, que sofrem com preocupações ou que vivem sempre entre altos e baixos possam salvar-se desse tormento. Se uma única linha de meus escritos lhes trouxer paz e servir para ajudá-las, ficarei satisfeito.

Em resumo, se você aprender com a sabedoria de grandes artistas e personalidades da história, conseguirá ampliar a base que se oculta sob a superfície, o que, por sua vez, o ajudará a suportar as tempestades da vida. Por isso, tente acumular bastante conhecimento para poder resistir, sem esmorecer, diante de qualquer dificuldade. É preciso ter um alicerce forte, que não seja afetado pelo vento, por mais violentamente que ele sopre na superfície do oceano.

Senso de Grande Estabilidade

Precisamos aprender a ter senso de grande estabilidade com a maravilha da natureza que é o iceberg. A maior parte da tristeza e do sofrimento experimentados no decorrer de uma vida tem sua origem na falta de estabilidade. De todas as pessoas que você conhece, qual é a que mais admira? Que tipo de pessoa você respeita e considera ótima? Você acha digna de admiração uma pessoa cuja mente é instável, cujo humor muda constantemente, passando da raiva para a tristeza, e da tristeza para a alegria num único dia? Provavelmente você não quer ser uma pessoa assim.

Os indivíduos que você admira como a personificação de seus ideais são aqueles que você deve procurar imitar. Essas pessoas têm uma característica em comum: um senso de estabilidade no modo como vivem. Esse é um dos segredos para se tornar líder. A principal qualidade de um líder é o senso de estabilidade. Não se trata da estabilidade de um trem que simplesmente corre sobre os trilhos, mas da estabilidade que permanece inabalável quando surgem problemas, não importa o tipo de dificuldade a ser enfrentado.

Como comentei antes, um dos fatores que criam esse senso de estabilidade é o acúmulo de conhecimento. Só possui essa estabilidade a pessoa que tem conhecimento armazenado; ela sabe quando e que tipo de problemas outras pessoas enfrentaram no passado e como os solucionaram. Portanto, ela pode aplicar os mesmos métodos para resolver suas próprias dificuldades. Durante esse processo, é importante ser capaz de enxergar as situações de uma perspectiva mais ampla.

Se suas emoções são instáveis, mudando de um dia para o outro, é porque você está lutando com um problema e se encontra num impasse, incapaz de ver quem está vencendo: você ou o problema. Até que o confronto termine, você não tem como saber se é o vencedor ou o perdedor, e, como resultado, sua mente oscila, indecisa. Tomemos a luta de sumô como exemplo. Há alguma possibilidade de que você vença uma luta de sumô contra um grande campeão? Em praticamente todos os casos, um indivíduo comum não teria a menor chance contra um lutador profissional de sumô; ele seria jogado para fora do ringue e perderia a luta num instante. A diferença de habilidade entre os competidores é simplesmente grande demais.

Lutadores profissionais de sumô treinam no ringue todos os dias, por isso ficam fortes, desenvolvem músculos potentes, firmeza e agilidade. Diante de um oponente como esse, o indivíduo comum não teria a mínima esperança de vitória; ele não poderia opor resistência suficiente e naturalmente seria derrotado, até mais depressa do que esperaria.

Pode-se dizer o mesmo sobre a luta contra os problemas da vida. Se você não tiver bastante confiança em si mesmo, as pessoas com as quais tem problemas parecerão mais fortes e mais difíceis de lidar do que realmente são, e os problemas parecerão ainda mais graves. Como resultado, você sentirá as pernas bambas, como se estivesse enfrentando um habilidoso lutador de sumô. No entanto, se você mesmo se tornou um grande campeão, verá que seus problemas podem ser resolvidos com surpreendente facilidade.

Então, antes de começar a se preocupar pensando como poderá resolver seus problemas, desenvolva a força de um grande campeão, para que todos os obstáculos que surgirem pareçam questões de menor importância, que podem ser facilmente resolvidas.

As pessoas se desenvolvem quando treinam para alguma coisa. Quando se trata de treinamento físico, há um limite para o desenvolvimento de uma habilidade. Na corrida de cem metros, por exemplo, um corredor rápido pode terminá-la em pouco menos de dez segundos, mas mesmo um corredor que seja lento poderá fazer o percurso em menos de vinte segundos. Então, no que diz respeito à força física, a capacidade do melhor atleta é, no máximo, o dobro da capacidade do pior. No caso da força interior, porém, existe uma enorme diferença entre uma pessoa extraordinária e uma comum. Por exemplo, a diferença entre a inteligência de Sócrates e a de uma pessoa comum é imensa, assim como é imensa a diferença entre a sabedoria de Buda Shakyamuni e a de um sacerdote comum.

Quanto mais o eu interior for treinado, maior será sua habilidade e sua inteligência, e não há limite para esse desenvolvimento. Há limites claros para o grau de força física que o ser humano consegue desenvolver, mas a força interior pode ser ampliada mil ou dez mil vezes mais. Se você crescer tornando-se um gigante espiritual, os problemas que agora você encara como questões de vida ou morte vão lhe parecer muito fáceis de resolver.

Quando você estiver diante de um problema enorme, outro recurso importante é tentar imaginar como uma pessoa muito sábia o abordaria. Por exemplo, se você é cristão, pergunte-se o que Jesus Cristo pensaria do problema e o que faria para solucioná-lo. Suponha que você esteja sofrendo porque acha impossível perdoar certa pessoa, e fica remoendo de tal modo esse ressentimento que não consegue dormir à noite. Nesse caso, tente mudar de perspectiva e imagine o que Jesus Cristo faria ou que conselhos lhe daria. Se for budista, pergunte-se o que Buda Shakyamuni diria sobre seu problema e como o resolveria. Você pode imaginar também o que Confúcio ou Sócrates fariam em seu lugar. Esse é um método muito eficaz para adotar quando você encara problemas. Ao julgar situações e lidar com dificuldades, é sempre útil tentar recorrer à sabedoria dos grandes mestres.

Para criar um forte senso de estabilidade é necessário atingir um nível mais alto de força interior e acumular conhecimento espiritual. Essa é a fonte da estabilidade. Se você deseja tornar-se um gigante espiritual, não basta apenas encarar os problemas que você encontra ao longo da vida e lidar com eles; também é essencial que você aprenda as lições que eles oferecem.

As lições aprendidas dessa maneira lhe serão muito úteis mais tarde. Um problema que você teve dificuldade de resolver da primeira vez lhe parecerá muito mais fácil quando surgir de novo, porque você já aprendeu a superá-lo antes. Por isso, procure não desperdiçar seu tempo e faça um esforço para aprender as lições contidas nos incidentes e problemas que você encara diariamente. São essas as lições que você deve aprender na vida, porque elas formam o alicerce de um conhecimento que normalmente não se adquire na escola.

Quantas gavetas cheias de lições acumuladas você tem? A quantidade e a qualidade dessas lições estão ligadas diretamente ao seu grau de consciência e à sua capacidade de tomar decisões. Sob esse ponto de vista, pode-se dizer que aqueles que passaram por duras experiências, que sofreram dificuldades constantes e enfrentaram fracassos, contratempos e dissabores tiveram a oportunidade de aprender muitas lições. Eles não passaram seus dias à toa, porque receberam um caderno de exercícios cheio de problemas a serem resolvidos; então pode-se dizer que foram abençoados.

Quando estiver diante de um problema e se sentir em meio a um turbilhão de sofrimento, não tente simplesmente se livrar dele; em vez disso, descubra o que ele está tentando lhe ensinar e que tipo de lição está lhe oferecendo. Isso vai ajudar você a solucioná-lo. Tudo tem uma razão, e cabe a você descobrir qual é.

Manter a Determinação

Gostaria de concluir este capítulo salientando a importância de se manter a determinação. Na seção anterior, expliquei do que é formado o alicerce da estabilidade, mas o esforço para manter essa estabilidade não pode ser apenas temporário. Se você pretende progredir mais a cada dia, isso por si só gera um grande senso de estabilidade.

Pegue como exemplo um navio quebra-gelo da Antártica. Enquanto estiver se movendo para a frente, ele continuará a abrir caminho no gelo. Mas, se parar, o gelo se acumulará e o prenderá. O mesmo acontece na vida: para evitar ficar preso, você tem de continuar indo em frente. Portanto, cresça diariamente com suas experiências, e lembre-se sempre de que, a cada nova lição que aprender, você se tornará mais forte e saudável espiritualmente.

Sua estabilidade não deve ser mantida apenas em determinada situação ou em determinada época, mas sempre, para que você seja capaz de encontrar soluções para qualquer problema que enfrentar. Na vida, é importante que você esteja determinado a progredir e aprimorar-se constantemente. Para aqueles que almejam sempre crescer, melhorar e avançar, as dificuldades da vida serão resolvidas simplesmente com o tempo, como o orvalho da manhã que se evapora quando nasce o sol.

Primeiro, deixe que o sol que existe em você se eleve cada vez mais. Se fizer um esforço constante para isso, sem descansar nem desistir, um amplo caminho surgirá a sua frente. O essencial na vida é criar constantemente um alicerce firme, buscar o aperfeiçoamento pessoal e obter a graciosa estabilidade de um iceberg. Trabalhe sempre para ampliar seu alicerce, se esforce para crescer. Se mantiver essa atitude, você descobrirá que um caminho para o desenvolvimento ilimitado, para a grandeza de caráter, se abrirá à sua frente.

Capítulo 2

O PRINCÍPIO DA
ACUMULAÇÃO

A Importância de um Único Dia

Neste capítulo, eu gostaria de discutir o quanto é fundamental ter uma bagagem interior de conhecimento para criar a estabilidade de um iceberg na vida. Primeiro, considere a importância de um único dia. A vida, na realidade, nada mais é do que uma série ou amontoado de dias. Desde os tempos antigos, surgiram vários provérbios sobre a importância de um único dia, tais como "Viva cada dia como se ele fosse o único" ou, como disse Jesus Cristo, "Portanto, não se preocupem com o dia de amanhã, porque o amanhã trará suas próprias preocupações. A cada dia basta seu próprio mal" (Mateus, 6: 34 – Nova Versão Internacional).

A pessoa que você é de fato e o tipo de vida que tem levado serão revelados pelo modo como você viveu cada dia e como cada dia foi seguido pelo dia anterior. Os seres humanos não podem pegar tempo emprestado do amanhã, nem podem tirá-lo do ontem. Pode-se predizer o que acontecerá no futuro, mas não se pode fazer uso do tempo que ainda está por vir. Da mesma maneira, embora você possa refletir sobre o que aconteceu no passado, e com isso aprender algumas lições, você não pode mudá-lo. O único tempo que somos livres para usar é aquele que estamos vivenciando neste momento.

Por isso, cada dia contém um elemento importante para uma vida bem-sucedida. Cedo ou tarde, todas as pessoas deixarão este mundo; algumas irão para o céu e outras para o inferno, e é o conjunto de seus dias na Terra que decidirá para onde você vai. A soma total do modo como você viveu cada dia determinará o tipo de mundo para onde irá após a morte; portanto, tenha cuidado para não tratar nem um único dia com leviandade.

Em relação à maneira de passar cada dia, o importante é saber como controlar e melhorar sua qualidade. Não é possível mudar a duração de um dia; ele tem 24 horas e de nenhum modo isso pode ser prolongado. No entanto, você pode mudar a qualidade dele. Num certo sentido, a tecnologia nos tem prestado um grande serviço, melhorando a qualidade de nossos dias. Por exemplo, cálculos que levavam vários dias para fazer agora podem ser concluídos num tempo bem mais curto com o uso do computador. Assim, como a tecnologia diminuiu o tempo de certas coisas, podemos dizer que isso nos ajudou a melhorar a qualidade de cada dia. Não podemos negar que o avanço da tecnologia resultou em um uso mais eficiente do tempo, mas também podemos mudar a qualidade de cada dia por meio da perspectiva espiritual e da atitude mental.

A maioria das pessoas passa os dias remoendo algum tipo de preocupação ou dor emocional, e o modo como lida com essas dificuldades afetará sua vida inteira. Em outras palavras, as pessoas que têm um nível mais alto de consciência podem ceifar as preocupações e os sofrimentos com um único golpe. Por exemplo, se você se dedica ao refinamento espiritual dia após dia e mantém a mente serena, não será afetado demais, não importa o que ocorra no mundo exterior, e, dessa maneira, conseguirá viver a vida com tranquilidade.

Se, por outro lado, você for arrastado pelo redemoinho de uma vida agitada, poderá em certos momentos ser dominado por preocupações que o farão perder-se de si mesmo. Por exemplo, aqueles que lidam com o mercado de ações podem cair na armadilha de acreditar que tudo o que importa é acompanhar o preço das ações diariamente, de hora em hora, de minuto em minuto. Como resultado, sofrem demais quando cai o valor de suas ações. Por outro lado, as pessoas que buscam a Verdade não têm tais preocupações e conseguem meditar calmamente, porque sua atitude mental é diferente.

No local de trabalho, talvez você sofra porque um colega seu foi promovido antes, porque você foi repreendido por seu chefe por um erro que cometeu ou porque não gerou tanto lucro quanto esperava. Isso, no entanto, não representa um problema sério para aqueles que mantêm um estado mental mais puro. Um problema que ocupa a maior parte dos seus pensamentos durante o dia pode ser facilmente resolvido se for examinado de uma perspectiva mais ampla.

Se uma pessoa se preocupa por uma semana ou um mês com um problema que pode ser solucionado em três minutos por alguém capaz de examiná-lo de um ponto de vista maior, isso significa que ela está desperdiçando a própria vida. Cada dia é muito precioso, então você precisa refletir mais sobre a atitude mental que deve manter no decorrer dele todo. Você não pode tornar o dia mais comprido, mas pode melhorar sua qualidade, por isso eu gostaria que você avaliasse quanto e que tipo de esforço precisa fazer para conseguir promover essa melhora.

Tente descobrir a magia que transforma a vida em ouro, procure encontrar uma maneira de fazer com que cada um de seus dias brilhe intensamente.

Disposição para Aprender

Ao considerar a importância de um único dia, você deve tentar descobrir como melhorar a qualidade do tempo limitado que ele contém. O mais importante, aqui, é o desejo de aprender.

Primeiro, você pode aprender adquirindo conhecimento. Como expliquei antes, um dos segredos para compreender a vida é pensar nas grandes figuras da humanidade. Você pode elevar a mente a um nível mais alto lendo livros sobre ideologias, filosofia e literatura, e os problemas da vida poderão ser resolvidos mais facilmente. Acumular conhecimento é da máxima importância, quando se está tentando alcançar um nível mais alto de consciência. E alcançar esse nível é importante porque significa que o nível espiritual também se elevou.

Na verdade, a grandeza de um ser humano é determinada por seu grau de consciência, ou seja, pela amplitude ou pelo nível de profundidade da perspectiva sob a qual a pessoa enxerga os outros e o mundo. Por exemplo, se você já tiver acumulado uma boa base de informações e conhecimento, poderá dominar facilmente até mesmo um assunto para o qual você precisa da instrução de outros.

Mal-entendidos também ocorrem na vida, e geralmente resultam da nossa falta de percepção dos sentimentos dos outros ou porque não entendemos o motivo pelo qual algo nos aconteceu. Leva tempo ouvir as explicações dos outros, e às vezes você não consegue evitar um mal-entendido. Porém, se você conhecer a vida e as opiniões de muitas pessoas, poderá compreender por que se acha nessa situação difícil. Acumular conhecimento é uma excelente ferramenta para entender a si mesmo, os outros e este mundo, isto é, o mundo criado por Deus.

O que você ganhará compreendendo melhor a si mesmo, aos outros e ao mundo? A resposta é: felicidade. O saber é uma alegria para o ser humano. À medida que você amplia sua esfera de conhecimento, seu mundo interior também se torna mais vasto. Há uma grande diferença entre a visão de mundo de uma formiga e a de um ser humano. As formigas não pensam e não compreendem as coisas da mesma forma que os seres humanos. Por causa dessa enorme diferença de percepção, o ser humano quer permanecer humano e não tem o mínimo desejo de se tornar formiga. Então, o saber é por si só uma fonte de grande felicidade.

Estudar não é necessariamente o único meio de se adquirir conhecimento; você também pode aprender pela experiência. Para isso, você precisa viver cada dia acreditando que ele contém algo que servirá para enriquecer sua vida. Quando se vê no meio de uma das tempestades da vida, você tende a se queixar e a perguntar por que deve sofrer tal dor ou passar por essa desgraça, mas o fato é que há lições a aprender nessas circunstâncias. Sem dúvida nenhuma, as situações difíceis da vida servem de estímulo para refinar a alma.

Talvez você deseje ter uma vida calma, e que cada dia transcorra em uma paz completa, mas imagine-se chegando ao fim da vida. Quando olhasse para trás e visse que sua vida toda foi comum, sem acontecimentos marcantes, você poderia dizer que ela foi realmente boa e que deixaria este mundo sentindo-se realizado? Na verdade, é quando você está lutando para vencer dificuldades que sua alma brilha e sua alegria se expande. Claro, todas as pessoas precisam suportar períodos difíceis quando estão enfrentando problemas e infortúnios, mas é justamente nisso que residem a riqueza da vida e a oportunidade de crescer.

Não tenho a intenção de enaltecer as dificuldades ou o sofrimento, mas é inegável que esses desafios funcionam como catalisadores para o crescimento humano. Se sua vida for meramente comum, você não terá chance de crescimento. Por outro lado, quando sente que está sendo dilacerado pelo sofrimento, você ganha uma enorme autoconfiança, porque está lutando para vencer suas dificuldades.

O segredo daqueles que são vistos como "sábios" está em sua atitude positiva, no desejo de aprender o máximo que puderem com cada pessoa e cada experiência. Diversas pessoas neste mundo têm algum aspecto em si que é mais adiantado que o dos maiores santos. Não há como negar que Confúcio foi um grande homem, mas há pessoas que possuem em alguma área uma capacidade maravilhosa que ele nunca teve. Há coisas a aprender até mesmo com aqueles que são vistos como perversos pela sociedade; entre eles, há alguns que não hesitariam em fazer qualquer coisa por um amigo necessitado.

Na vida, temos uma tarefa que nos é dada por Deus: descobrir o quanto podemos aprender com nossas experiências. Quanto mais passamos por mudanças ou altos e baixos, mais sementes de conhecimento temos para plantar. Nosso desafio é descobrir o quanto somos capazes de aprender com nossas experiências.

Para concluir, gostaria de enfatizar que você deve cada vez mais desejar aprender, e sentir orgulho do que conseguir aprender num único dia. É uma ótima ideia manter um diário, mas ele não deve conter apenas um relato do que aconteceu durante o dia. O mais importante é registrar o que você aprendeu. Encontrar algum significado positivo no sofrimento ou nas preocupações é muito mais valioso para a alma do que simplesmente viver cada dia sem acumular experiência. Nada nesta vida é um desperdício quando cada acontecimento é visto pela perspectiva de que todas as experiências são alimento para a alma.

Os Efeitos do Acúmulo de Conhecimento e de Experiência

Agora que já comentamos a importância de um único dia e por que é preciso manter o desejo de aprender, gostaria de analisar os efeitos do acúmulo de conhecimento e de experiência.

Nos últimos dez anos publiquei centenas de livros, e muitas pessoas têm se mostrado surpresas com o fato de que eu tenha escrito tanto num período de tempo tão curto. Sem um suficiente "estoque" interior, a maioria das pessoas teria ficado sem ideias para escrever, muito antes de ter escrito um número tão grande de livros. No meu caso, porém, a fonte de assuntos ainda não se esgotou. Por quê? Porque ponho mais para dentro de mim do que para fora, ou, em outras palavras, eu me encho mais do que me esvazio. Há pessoas que estão sempre gastando energia e raramente recarregam suas baterias, mas é preciso que elas compreendam o princípio de que não se pode gastar mais do que o estoque que se acumulou. Por isso, é muito importante aumentar seu estoque de conhecimento e experiência.

Isso se aplica não somente à parte mental e intelectual, mas também à financeira. Em se tratando de finanças familiares, uma pessoa não deve gastar mais do que ganha, a menos que tenha economias de reserva. Portanto, as pessoas prudentes gastam sem ultrapassar o limite de sua renda e ainda economizam uma parte dela. Esse é um modo sensato de viver.

Hoje, as pessoas usam cartões de crédito, e muitas se excedem na utilização dos benefícios da nossa "sociedade do cartão de crédito". Parece que muita gente gosta de viver com base no crédito, adquirindo com facilidade aparelhos elétricos ou carros que não poderiam comprar à vista. De fato, esses cartões são úteis, mas não se pode basear a vida em financiamentos. A ideia de gastar dinheiro antes de ganhá-lo não é uma atitude positiva e nem sempre está de acordo com a Verdade. Deus aprecia um estilo de vida estável, quando você vive de acordo com seu orçamento e ainda faz algumas economias.

Há pessoas que iniciaram uma verdadeira cruzada contra os cartões de crédito, porque muita gente é incapaz de controlar seus gastos. Já soube de pessoas que ganham a vida picando cartões em pedacinhos, a pedido de outras que querem se livrar deles, mas não conseguem fazer isso por si mesmas. Alguns indivíduos têm uma porção de cartões de crédito, fazem compras com todos eles e depois não podem pagar, acabando por se afundar em dívidas e sendo obrigados a fazer empréstimos para saldá-las; dessa maneira, o total da quantia que devem não para de crescer. Nem assim conseguem jogar fora seus cartões. Então, pedem a outra pessoa que os destrua para poderem fugir do pesadelo dos empréstimos. Esse exemplo ilustra bem a fraqueza humana. Por isso, procure viver dentro dos limites do seu rendimento e poupar um pouco de dinheiro para o futuro.

O mesmo princípio se aplica à alma. Os humanos tendem a querer ser superiores aos outros ao redor, e se esgotam correndo atrás de títulos e posições, mesmo quando não têm a capacidade ou o talento necessários. Essa atitude é errada, porque orientar pessoas antes de ter acumulado habilidade suficiente é o mesmo que gastar o bônus de fim de ano com antecedência, fazendo compras com o cartão de crédito.

Embora muita gente queira ser presidente de alguma empresa, isso simplesmente não é possível. Se uma pessoa que acumulou habilidade e experiência se tornar presidente, ela terá muito a oferecer, e isso trará benefícios para muita gente. Se, por outro lado, alguém que não tem esse estoque de habilidade e experiência se tornar presidente, seu trabalho não será bom, e, em consequência, isso causará sofrimento para as outras pessoas envolvidas.

O mesmo é valido para os atores e esportistas cuja popularidade ultrapassa suas habilidades. É bom quando se obtém o grau de popularidade condizente com a habilidade que se tem, mas, se a popularidade exceder a habilidade, ela é apenas superficial. A fama e popularidade verdadeiras acompanham o verdadeiro talento. Se você tentar alcançar uma popularidade maior do que seu grau de competência real, acabará perdendo o equilíbrio e caindo.

Assim, é importante acumular os recursos que garantam o sucesso na vida. Mesmo que esses recursos não sejam usados ou valorizados nesta vida, estarão armazenados em sua casa do tesouro, no céu. Se o que você aprender nesta vida não lhe servir no trabalho ou em casa, a verdade é que nada do que se aprende na Terra é desperdiçado. Na escola, enquanto estudava física, química ou geografia, talvez você tenha questionado se essas matérias lhe seriam úteis no futuro. O fato é que tudo isso é importante para o desenvolvimento da consciência. Esse fenômeno pode ser chamado de "necessidade desnecessária".

Não importa o tamanho de uma ponte, uma pessoa só precisa de uma faixa de trinta centímetros de largura para atravessá-la. No entanto, isso não quer dizer que o

O Princípio da Acumulação

resto da ponte seja inútil. Suponhamos que haja uma tora de trinta centímetros de largura servindo de ponte sobre um riacho de correnteza veloz. A maioria das pessoas ficaria com medo da água correndo rápido lá embaixo e não conseguiria atravessar para o outro lado. É como andar sobre uma corda; se a corda estiver estendida no chão, qualquer um consegue andar sobre ela; mas, quando as pessoas veem um acrobata andando sobre uma corda estendida entre dois prédios, ficam impressionadas e pensam que nunca seriam capazes de fazer isso.

Da mesma forma, há sempre uma parte da pessoa que, embora não seja utilizada, na verdade serve para protegê-la de vários perigos e mantém sua mente estável. É isso o que significa "necessidade desnecessária"; é esse acúmulo interior de conhecimento que constitui a verdadeira habilidade. Se você não acumulou o bastante, pode se desequilibrar por pequenas coisas, mas, se tiver um bom estoque interior e muita autoconfiança, não se abalará por críticas desfavoráveis ou obstáculos. Por isso, é importante que você acumule conhecimento e experiência suficientes para que, juntos, eles sejam como a parte do iceberg que fica abaixo da superfície da água.

Esse acúmulo tem outro efeito surpreendente. Ele fornecerá, inesperadamente, a chave que abrirá sua vida. Mesmo que seu estoque de conhecimento não pareça de muita utilidade agora, em 10 ou 20 anos poderá florescer de uma forma que você nunca poderia imaginar. Não é fácil saber do que você precisará no futuro. Embora você possa achar que teve muitas experiências desnecessárias, talvez elas sejam úteis em tempos que estão por vir.

Antes de me iniciar no caminho da religião, trabalhei por seis anos em uma empresa de comércio exterior. Nesse período, sempre me fazia a seguinte pergunta: por que deveria passar quase o tempo todo trabalhando em uma área que não tinha nada a ver com a Verdade ou com assuntos espirituais? Cada vez mais eu acreditava que aquele poderia não ser meu verdadeiro propósito na vida.

Nessa empresa, eu trabalhava com câmbio exterior, finanças internacionais e fundos internos, então tinha uma boa compreensão da maneira como o dinheiro fluía. Além de achar que o campo financeiro não tinha nada a ver com o mundo da mente, eu sentia uma vaga ansiedade a respeito do rumo que minha vida estava tomando. Agora, no entanto, percebo que aquelas experiências me deram uma base firme para meu trabalho na Happy Science. Durante o período que passei na empresa de comércio exterior, aprendi sobre pessoas, sobre o fluxo do dinheiro, como administrar uma empresa, como fazer uso eficiente de fundos e todas as coisas que me têm sido úteis no meu atual trabalho.

O Princípio da Acumulação

Muitos daqueles que pretendem realizar alguma coisa no campo espiritual parecem não ter habilidade para administrar uma organização e fazer bom uso do dinheiro. Muitos líderes religiosos, em particular, não têm conhecimento desses assuntos práticos. Sem conhecimento e sem experiência, eles fracassam na tarefa de administrar grupos e, por fim, não conseguem alcançar seu principal propósito ou realizar seu intento. Contudo, como trabalhei em campos que aparentemente nada tinham a ver com a Verdade, ou seja, acumulei o que parecia desnecessário, agora tenho um estoque interior de conhecimento e experiência. De fato, sinto que isso me ajuda hoje de diferentes maneiras.

Enquanto estive naquela empresa, tive a oportunidade de trabalhar nos Estados Unidos com pessoas de várias partes do mundo; conheci não apenas americanos, mas também coreanos, chineses e filipinos. Essa experiência me deu a chance de conhecer as características e modos de pensar de pessoas de muitos outros países, e entrei em contato com valores que eram diferentes dos meus.

Hoje, ensino as diferenças no modo de ver a Verdade e de reconhecer o que é certo. Quando busco a origem desses ensinamentos, vejo que, em parte, ela pode ser encontrada em minhas experiências na sociedade internacional, onde pude conhecer muitas pessoas diferentes, assim como distintas formas de pensar. Aprendi que há numerosas maneiras de pensar além da minha que são razoáveis, e isso influenciou o modo como hoje encaro a diversidade.

Existem diversos líderes religiosos com ensinamentos diferentes, no entanto quase todos insistem em dizer que seu credo é o único verdadeiro. Estou livre desse tipo de pensamento porque trabalhei com pessoas de várias nacionalidades e raças, e absorvi muito de seu modo de pensar. Esse estoque de conhecimento serve como uma "necessidade desnecessária" para mim.

Portanto, é possível aprender bastante com um emprego. Mesmo que você esteja engajado em algo que não lhe pareça útil, em termos de planos para o futuro, isso poderá lhe servir de alguma maneira. Talvez pense que está fazendo algo irrelevante, ou que pegou o caminho mais longo em direção a seu objetivo ou ideal, mas é importante fazer o melhor uso possível do material que agora lhe é oferecido.

Se você continuar resolvendo os problemas à medida que surgirem, no devido tempo isso de alguma maneira lhe servirá. Mesmo que você ache que a matemática aprendida na escola tem sido de pouca utilidade desde que se formou, esse aprendizado serve para dar senso de equilíbrio a seu caráter e a seu estoque de conhecimento. Outro exemplo: não basta para um romancista ler somente obras de literatura. Um escritor precisa ter conhecimento do mundo e das mudanças que ocorrem na sociedade, ou não terá onde apoiar seu trabalho.

Para criar um estoque interior de conhecimento é importante não restringir seus estudos àquilo que você precisa saber agora, mas desenvolver interesse por uma ampla variedade de assuntos e fazer uma contínua coleta de informações. Mesmo que certas coisas não sejam úteis no presente, acumular conhecimento lhe trará grande benefício em algum momento no futuro.

Uma Colheita Inesperada

De fato, o acúmulo de conhecimento e experiência produzirá, em algum tempo, uma colheita inesperada. Às vezes, isso ocorre nesta vida atual; outras, na vida futura. Não é incomum encontrar pessoas que pareciam miseráveis na Terra e alcançaram uma posição maravilhosa no outro mundo, após a morte.

Maria, que deu à luz Jesus, tinha um coração puro e viveu uma vida comum, como esposa de um carpinteiro. Ela o amava como filho, não como um ser distante ou um salvador. Jesus atraiu um grande número de seguidores, mas também foi perseguido, quando, aos trinta anos, começou a ensinar ao povo o caminho para Deus. Maria nunca deixou de se preocupar com a felicidade de seu amado filho. Assistir à crucificação de Jesus causou-lhe uma dor profunda. Enquanto viveu, ela nunca se considerou uma pessoa especial. No entanto, quando partiu deste mundo e foi para um lugar correspondente ao seu alto nível espiritual, passou a ser conhecida como Virgem Maria, uma das mulheres mais reverenciadas de nosso planeta. Agora, ela ouve as preocupações de muitos e trabalha em favor de pessoas do mundo todo, sobretudo mulheres, crianças e famílias.

Na Terra, Maria viveu com humildade, sem nunca esperar tornar-se alguém especial após a morte. Tratava o marido, os filhos, amigos e vizinhos com grande bondade. Era uma mulher de fé, não se preocupava com status, fama ou honrarias mundanas, e inegavelmente amava seu filho Jesus de todo o coração. Depois de deixar este mundo, pessoas como Maria colhem os bons frutos resultantes de uma vida de amor e fé. Dizem que, mesmo sem buscar o favor divino, a pessoa o recebe, e essa é a verdade que a história de Maria nos revela.

Embora você precise acumular diferentes experiências e construir um estoque interno de conhecimento, não espere apenas bons resultados. Mas não se preocupe demais com isso; a vida é cheia de más colheitas e contratempos. Pode ser que alguém importante e muito respeitado neste mundo, como um primeiro-ministro ou o presidente de um país, não consiga ir para o céu, enquanto alguém que teve uma vida comum passe para um nível muito alto no mundo celestial. Os critérios que determinam o lugar para onde uma pessoa vai após a morte são clareza, pureza da mente e altruísmo. Para aqueles que possuem essas qualidades, tudo se torna material de aprendizado, e isso os faz progredir no caminho do autoaperfeiçoamento.

Para ter uma colheita inesperadamente boa é preciso viver com sinceridade, com o coração puro, e neste mundo isso às vezes gera situações em que a pessoa sincera é ridicularizada ou mal-interpretada. No entanto, viver incondicionalmente e manter a pureza do coração são atitudes que um dia produzirão uma colheita abundante.

Em meus livros, tenho revelado a verdade sobre o mundo do pensamento e a real existência do mundo espiritual. Mas nem todos conseguem compreender essas coisas. Todavia, como estou sendo honesto e de coração puro, acredito que é importante continuar ensinando a Verdade tal como ela é. Creio que cedo ou tarde as pessoas a compreenderão.

Estou plenamente determinado a publicar o maior número possível de livros sobre a Verdade e a mente. Espero que, de alguma forma, meus ensinamentos ajudem as pessoas a iniciar uma nova vida. Ficarei feliz se eles contribuírem para que as pessoas encontrem felicidade e alimento para a alma, não apenas aquelas que os leem agora, mas também as que nascerão depois que eu tiver partido deste mundo.

Procure não acumular conhecimento e experiência para satisfazer desejos egoístas ou visando apenas seus próprios interesses. É essencial que você acumule conhecimento dia após dia com o puro desejo de estar a serviço do Divino no futuro. Esse é o verdadeiro significado de "armazenar tesouros no céu". Não busque a aprovação de quem está neste mundo ou no outro. É importante viver com o coração puro, dizer às pessoas as coisas em que você acredita, e nunca agir de alguma maneira que mais tarde lhe traga arrependimento.

O Caminho para Reconstruir a Felicidade

Os seres humanos adquirem diferentes tipos de conhecimento ao longo da vida, e também aprendem muito com suas numerosas experiências. Esse aprendizado não deve ser feito de modo leviano nem visando apenas o próprio benefício. Por exemplo, o dinheiro que você ganha com o trabalho não valerá nada se ficar parado. Somente quando for usado ele terá significado. O dinheiro ganho e posto em circulação torna-se o rendimento de outras pessoas.

O mesmo pode ser dito a respeito das experiências. O que uma pessoa experimenta ou percebe com as coisas que lhe acontecem não deve ser apenas para sua própria satisfação. É importante passar adiante o que você aprendeu para ajudar outras pessoas a alcançar mais esclarecimento. Em sua vida, é provável que você aprenda muitas lições. Em vez de escondê-las, guardando-as para si mesmo, passe-as para a sociedade em que vive, usando diferentes meios. Compartilhe suas lições com a família, os amigos e as muitas pessoas que encontra na vida.

Primeiro, você precisa ganhar mais esclarecimento a cada dia. Depois, então, será capaz de levar os outros a um maior esclarecimento usando seu próprio "estoque". É importante não apenas compartilhar o esclarecimento de maneiras visíveis. Um de meus ensinamentos é sobre o "amor personificado"[1], e você deve estar ciente de que a própria existência de uma pessoa que adquiriu grande conhecimento, aprendeu muitas lições e alcançou um alto grau de iluminação é uma expressão de grande amor pelos outros.

Se numa empresa houver uma única pessoa que alcançou alto grau de esclarecimento por ter aprendido muito com as lições da vida, ela será uma enorme fonte de amor para aqueles que trabalham a seu redor.

---

1. Mais detalhes sobre esse ensinamento no livro *As Leis do Sol*, terceira parte, "O Grande Rio do Amor", de Ryuho Okawa.

Imagine que grande amor essa pessoa representa, como "personificação do amor".

Para aqueles que buscam o Darma, ou a Verdade, é uma enorme bênção ter um professor que os guie! O dinheiro não pode comprar essa bênção. A existência de Buda, Jesus, Confúcio e Sócrates foi inestimável para aqueles que viveram na mesma época que eles. O filósofo chinês budista Tien Tai Chi-hi (538-597 d.C.) disse: "Desejo renascer na época do renascimento de Buda, e nem me importarei se nascer leproso, porque pelo menos estarei vivo". O que ele diz é verdadeiro: a mera existência de alguém que alcançou alto grau de iluminação e se tornou um grande mestre traz felicidade àqueles que vivem na mesma época.

Nem todo mundo pode pregar o Darma, mas até o menor dos seres é capaz de emitir a luz da iluminação. Todas as pessoas são capazes de se tornar "pequenos gigantes de amor". Além de acumular experiências no decorrer da vida, você precisa usar o que acumulou para a alegria e a felicidade dos outros. Assim que alcançar a felicidade, recrie-a para o bem de outras pessoas. Essa é a tarefa que os seres humanos devem cumprir. Eu gostaria que você visualizasse a si mesmo "recriando felicidade" e se esforçasse para aumentar seu próprio estoque de conhecimento e experiência.

Capítulo 3

ENFRENTAR A ANSIEDADE E A ANGÚSTIA

---※---

Os Diferentes Aspectos da Angústia

Quando se fala em ter uma vida feliz, tudo depende do modo como a pessoa enfrenta o sofrimento no curso da existência. A vida é como um caderno cheio de problemas a serem resolvidos, e a cada pessoa são dados os desafios adequados à sua alma. É o modo como você supera essas dificuldades que revela sua verdadeira natureza. O sofrimento que você experimenta na vida mostra claramente o tipo de treinamento pelo qual está passando e o que é mais importante para você.

A palavra "angústia" nos faz pensar na vida do compositor Beethoven. Imagine o sofrimento que ele deve ter suportado, continuando a compor música sem poder ouvi-la enquanto perdia a audição. Ninguém gostaria de ter uma vida como a de Beethoven, mas ele foi um homem que sempre deu o máximo de si, e cuja alma indubitavelmente emitia luz.

Mais recentemente, temos o exemplo da escritora Helen Keller, que desde pequena ficou cega e surda. Se compararmos Helen Keller ao imperador Napoleão, ou ao grande escritor e estadista Goethe, não seria fácil dizer qual deles foi o maior. É bem provável que Napoleão tivesse poucas noites de sono tranquilo. Do mesmo modo, Goethe, parecia sofrer de insônia; ele disse que, juntando os dias de verdadeira felicidade em sua vida, o total seria de um mês, no máximo.

Por que a vida de Helen Keller é considerada tão admirável quanto a de outras figuras notáveis? Eu diria que é por causa de sua atitude; apesar das grandes adversidades que sofreu, ela se esforçava continuamente para encontrar o lado maravilhoso das coisas. Quando as pessoas têm saúde e uma vida que corre suavemente, tendem a só ver o que lhes está faltando. Mas, se de repente se encontrassem privadas da visão, da audição ou da fala, tudo o que lhes restaria seria o fato de estarem vivas. É importante entender que só o fato de estar vivo já é maravilhoso.

Disseram-me que, às vezes, as pessoas que perdem a visão sonham apenas com sons, e geralmente na escuridão. Mas ainda estão vivas e, mesmo nessas circunstâncias tão adversas, são capazes de compreender o verdadeiro sentido da vida. De vez em quando, você precisa refletir e aprender com o exemplo daqueles que passaram por grandes privações.

Qual é a causa do sofrimento? Na maioria das vezes é algum conflito emocional insignificante. Talvez você se compare com outras pessoas e sofra ao perceber a diferença que existe. A maior parte do sofrimento é causada pelo conflito com os outros. O fato é que você nunca se livrará do sofrimento se não parar de se comparar às outras pessoas, porque, se olhar para o seu passado ou à sua volta, sempre haverá alguém para invejar. Isso é verdade para todo mundo.

Na Grécia antiga, viveu um filósofo chamado Diógenes. Dizem que ele se vestia de trapos e morava num grande barril. Era conhecido como "o sábio do barril". Um dia, Alexandre, o Grande, visitou a cidade e, ao encontrar Diógenes, declarou: "Diga-me o que deseja, e satisfarei seu desejo". Mas Diógenes respondeu simplesmente: "Por favor, saia da frente, o senhor está bloqueando a luz do sol". Essa história é contada há mais de 2.000 anos.

A felicidade, para Diógenes, era uma vida sossegada, era tomar sol em seu barril. Ele tinha paz de espírito, e não precisava de nada além disso. Ficava satisfeito apenas em banhar-se ao sol; nunca desejou roupas finas, dinheiro, alta posição social, fama ou qualquer outra coisa. Tudo o que ele queria era ficar sentado em seu barril e pensar, livre para fazer o quisesse, sem ninguém que lhe desse ordens. Então, quando Alexandre, o Grande, por quem Diógenes não tinha o mínimo interesse, plantou-se diante dele bloqueando o sol, o sábio apenas lhe pediu para sair da frente da luz. O poderoso Alexandre ficou mudo de espanto. Acreditava que não havia nada no mundo que não estivesse sob seu domínio. Ele, naturalmente, tinha poder para realizar qualquer desejo mundano, poderia satisfazer o desejo de um homem que lhe pedisse um palácio, dinheiro ou muitas esposas. Mas, apesar disso, para Diógenes ele não passava de um obstáculo que estava tapando o sol e deixando-o na sombra.

Esse episódio ilustra bem a diferença entre uma pessoa que habita em seu reino interior e outra que vive pelo esplendor do mundo material.

Há outra história semelhante, da China antiga. Um dos mais famosos filósofos chineses do período das Cem Escolas de Pensamento, Chuang-tzu (367-279 a.C.), teve uma experiência parecida. Quando lhe ofereceram o cargo de primeiro-ministro, ele o rejeitou sem hesitação. A história conta que ele disse que preferia rolar na lama como um porco a levar uma vida de serviço sufocante. Uma alta posição no mundo não tinha nenhum valor para ele.

Pelas respostas desses dois homens, vejo que eram soberanos perfeitos no reino do próprio espírito e que não se deixavam abalar pelas circunstâncias nem pelos valores do mundo. Um deles era feliz sem precisar de nenhum poder, fama ou dinheiro que Alexandre, o Grande, pudesse lhe dar; o outro preferia rolar na lama como um porco a ocupar um cargo ministerial. Nenhum deles iria permitir que sua felicidade fosse influenciada pelas palavras ou opiniões dos outros, ou por circunstâncias criadas por eles. Foram grandes homens porque foram soberanos de seu próprio reino interior.

Quando penso nos diferentes tipos de angústia que existem, observo que a causa de nosso sofrimento reside no fato de que estamos constantemente nos comparando aos outros. Criamos sofrimento tentando nos ajustar a valores externos, por exemplo, deixando-nos levar pelas palavras dos outros e ficando confusos com a enorme quantidade de informações que nossos olhos e ouvidos assimilam.

Talvez lhe fizesse bem se você às vezes recordasse a história desses dois homens e desse uma nova olhada em seu sofrimento, para ver se não está tentando alcançar a felicidade impondo valores externos ao seu mundo interior. Você tem certeza de que está no total controle de seu reino mental? Se comparar seu estado de espírito ao deles descobrirá que é forte o bastante para não se deixar abalar por desejos mundanos como dinheiro, posição social ou o sexo oposto? Procure examinar se a causa do seu sofrimento na verdade não reside no fato de estar buscando a felicidade fora de si mesmo.

Ansiedade na Vida

A origem de quase todas as ansiedades na vida pode ser encontrada na noção de valores de uma pessoa. A ansiedade geralmente surge do medo que a pessoa tem de não ser tão valorizada pelos outros como gostaria. Por exemplo, quando uma pessoa se apaixona, tem medo de ser rejeitada; quando começa a trabalhar em uma empresa, tem medo de nunca chegar a uma boa posição; quando inicia um negócio próprio, tem medo de ir à falência ou de ficar doente e não poder trabalhar, e assim por diante. Todo tipo de ansiedade, então, nasce da preocupação, do receio de que as coisas fiquem piores do que estão. Assim, a causa fundamental da angústia ou da ansiedade é a crença de que a felicidade depende de fatores externos, e isso deixa a mente inquieta.

Gostaria de citar uma passagem da Bíblia, sobre a história de Jó que aparece no Antigo Testamento. Jó era um homem bom e íntegro, que possuía uma fé inabalável, não importava o que acontecesse. No entanto, veio um tempo em que ele começou a sofrer um infortúnio atrás do outro. Seu gado morreu, seus servos foram assassinados, seus filhos e filhas pereceram em acidentes. Como se isso não bastasse, começaram a aparecer inchaços por todo o seu corpo, e ele se tornou um homem completamente infeliz. Com todas essas desgraças, Jó perdeu tudo o que tinha.

Por fim, ele começou a expressar sua angústia, questionando por que tinha de sofrer tanto, se vivera sempre com fé. Acreditava que as pessoas devotas deveriam ser recompensadas e que mereciam sucesso, prosperidade e respeito. Perguntava por que sua família lhe fora tirada, por que seu gado morrera, por que ele ficara desfigurado, com o corpo todo inchado. Deus lhe respondeu perguntando a Jó o quanto ele conhecia sobre o funcionamento do céu e os pensamentos do criador do universo. Deus quis saber também se ele compreendia o verdadeiro significado de todas as provações que haviam se abatido sobre ele. Jó estava errado em amaldiçoar as circunstâncias que lhe haviam sido dadas.

Em resumo, o que o Antigo Testamento tenta ensinar aqui é que ninguém alcança a felicidade queixando-se das circunstâncias. Se você acredita em Deus quando as coisas vão bem, mas deixa de acreditar quando elas vão mal, sua fé não é autêntica. A fé está no íntimo de cada um. Nada que venha de fora pode destruí-la. Não importa se você está prestes a ser crucificado, fuzilado ou esmagado por um tanque de guerra, o importante é que defenda o seu reino interior.

Talvez você seja criticado ou maltratado por outras pessoas, e essas coisas podem funcionar como projéteis de uma arma de fogo. Mas, se tiver uma fé inabalável, nada o atingirá por dentro. Enquanto as coisas caminhavam bem, Jó acreditava sinceramente em Deus. No entanto, quando foi atingido pelo infortúnio, começou a perder a fé. Encontramos numerosos exemplos disso em nossa vida diária. Um deles é que você pode confiar em alguém que o tratou bem, mas, assim que a situação muda para pior, perde a confiança naquela pessoa.

O mesmo ocorre no trabalho. Enquanto seu chefe o está ajudando a progredir, você trabalha com afinco para ele, mas, quando sente que ele deixa de apoiá-lo, você talvez comece a criticá-lo. Pessoas comuns geralmente agem assim. Em grupos religiosos também acontece o mesmo. Quando recebem uma função importante no grupo, as pessoas trabalham com empenho, mas, assim que esse papel lhes é tirado, começam a reclamar. Essa atitude é o máximo da tolice.

Essas pessoas encontram-se na mesma situação que Jó. Quando as circunstâncias são favoráveis, é fácil viver de acordo com a fé; mas é nas grandes adversidades que a fé é testada. Em alguns casos, Deus envia grandes provações aos seres humanos para fortalecer sua alma. A alma se fortalece tanto em tempos felizes como na adversidade, e é por meio desses dois extremos que sua verdadeira natureza é revelada. Deus quer que os seres humanos não se tornem arrogantes na felicidade e que não entrem em desespero profundo ao enfrentar desgraças. Ou seja, Ele espera que continuemos nos esforçando em todas as situações.

Todo tipo de ansiedade origina-se do receio que a pessoa tem de ser considerada inferior às outras. Ela começa a questionar se seus pontos fortes são realmente tão certos quanto imaginava. Suponha que uma mulher ache que sua beleza é a única fonte de felicidade em sua vida. Quando sua beleza se esvair, o que restará? E o que dizer de um homem que valoriza sua juventude como sua única qualidade de valor? Quando envelhecer, o que lhe restará?

Esses exemplos ilustram a verdadeira natureza da ansiedade. A pessoa se contorce em agonia, incapaz de suportar uma situação em que alguma coisa externa ameace feri-la ou diminuir seu valor. Se isso está acontecendo com você, saiba que sua fé e sua convicção estão sendo testadas. Se você só acredita em Deus quando tudo vai bem e não acredita quando a situação se torna desfavorável, significa que sua fé não é verdadeira e que você só está buscando as vantagens que ela pode lhe trazer.

Então, esteja consciente de que quase todas as ansiedades da vida nascem dessa atitude de procurar as sementes da felicidade no mundo exterior. As preocupações surgem quando você não assume responsabilidade por seu *eu interior*, quando ele ainda não é bastante forte.

Noites de Insônia

Muita gente passa a noite sem dormir, virando-se e revirando-se na cama, angustiada pelas preocupações da vida. Talvez você esteja passando por isso neste momento: fica acordado na cama, olhando para a escuridão, incapaz de conciliar o sono, esperando o dia amanhecer. E quando começa a cochilar, está na hora de se levantar. Você precisa ir para o trabalho, mas está em péssima forma, mal-humorado, decididamente triste e desanimado. Quem nunca passou por isso?

Como lidar com o problema da insônia? Quase sempre, o motivo da falta de sono é a preocupação. Para aqueles que sofrem de insônia, eu gostaria de salientar alguns fatos. Primeiro, as noites insones não continuam por muito tempo. Ninguém tem dificuldade para dormir por um período tão grande quanto três ou quatro anos – essa é uma condição passageira. Segundo, o que ocorre nessas situações é que a alma está sendo modelada, como o ferreiro modela o ferro. O importante é saber como usar esses momentos insones para forjar a alma e refiná-la.

Se você sofre constantemente de insônia, em vez tomar decisões precipitadas sobre o que fazer, procure suportar essa situação. Há uma teoria que afirma que na vida existem ciclos com sete anos de duração. De acordo com o estadista japonês Katsu Kaishu (1823-1899), os ciclos da vida mudam a cada ciclo de sete a dez anos; assim, se você está num período sombrio há dez anos, com certeza tornará a ver o sol. Por outro lado, se o sol estiver brilhando sobre você agora, talvez daqui a alguns anos as sombras retornem. As marés do destino não fluem na mesma direção por mais de dez anos.

É possível que isso seja verdade. Se o sol não está brilhando em sua vida agora, você não tem quase nada a ganhar choramingando, lamentando-se e reclamando da situação. As outras pessoas estão observando calmamente, para ver como você leva sua vida diante das adversidades. Se tiver o mesmo comportamento que geralmente os outros têm quando passam por dificuldades, você não aprenderá nada com a experiência e, além disso, não ganhará o respeito dos outros. A maneira como conduz sua vida em tempos atribulados é muito importante.

Se fizéssemos uma classificação dos seres humanos em níveis, aqueles que se queixam, reclamam ou se enfurecem no infortúnio fariam parte do nível mais baixo. Os que suportam as dificuldades e a dor em silêncio ocupariam um nível intermediário; aqueles que tentam superar seus problemas imediatos e se aprimorar seriam colocados no nível mais alto. As pessoas que estão na posição intermediária sabem que precisam se esforçar ao máximo em tempos difíceis, enquanto as que estão no nível mais alto tentam encontrar algum significado positivo nas dificuldades que enfrentam, e desse modo aprender lições que lhes fortaleçam a alma. É importante treinar para se fortalecer em vez de ficar agarrado à adversidade por muito tempo.

Lembro-me de uma história que li sobre um menino que era fisicamente fraco e sempre ouvia os outros dizerem que ele não teria boa saúde quando crescesse. Ele decidiu que iria vencer sua debilidade de algum modo, e passou a correr regularmente ao longo da margem de um rio. No fim, foi escolhido para representar seu país nos Jogos Olímpicos. É assim que a vida funciona. Mesmo que você ache que está abaixo da média em alguma coisa, se continuar a trabalhar com afinco para melhorar, em vez de ficar reclamando ou apenas suportando o que considera imutável, dará um salto para um nível inesperadamente alto.

Há pessoas que se esforçam para melhorar, mas se agarram a seus infortúnios, pensando no quanto são infelizes e no que precisam fazer para acabar com sua infelicidade. Por outro lado, há aquelas que continuam a se fortalecer e a se aprimorar incansavelmente, todos os dias, sem se prender às dificuldades. A diferença entre elas é enorme.

Em noites de insônia, é importante que você se concentre em fazer um esforço para se aperfeiçoar. Se não consegue dormir, isso significa que tem mais tempo para fazer outras coisas. Quando tenho uma noite de insônia, eu não me esforço tentando dormir; aproveito a falta de sono para ler. Quando estiver em meio a dificuldades, preocupações ou ansiedades, não será nenhuma perda de tempo se você procurar desenvolver suas habilidades e aprimorar-se. Se eu fosse um atleta, talvez treinasse meu corpo para correr maratonas. Mas não sou do tipo atlético; sempre me interessei pelo mundo da mente e dos pensamentos, por isso me treinei no campo do estudo. Comecei a me comunicar com o mundo espiritual quando tinha 24 anos, mas foi somente aos 30 que entrei em ação e comecei a ensinar a Verdade. Por seis anos continuei a desenvolver minha força interior tranquilamente, esperando que o momento certo chegasse. Nesse período, eu poderia ter me preocupado muito, porque, embora estivesse vivenciando fenômenos espirituais e tivesse uma clara missão a cumprir, ainda não podia iniciar meu novo caminho nem contava com uma atmosfera adequada estabelecida ao meu redor.

No entanto, não desperdicei meu tempo me preocupando; ao contrário, mantive-me ocupado. Estava determinado a trabalhar mais arduamente do que qualquer outra pessoa e criar um histórico acima da média na empresa onde trabalhava, enquanto dedicava todo meu tempo livre investindo em meu futuro. Agora estou cumprindo minha verdadeira missão e, olhando o passado, orgulho-me de minha atitude e do fato de ter me concentrado em meu aperfeiçoamento, em vez de lutar em vão.

Se, naquela época, eu tivesse passado os dias me preocupando com o fato de minha situação não ter mudado, apesar de ter recebido mensagens de espíritos superiores e de perceber a grandeza da minha missão, talvez não fosse a mesma pessoa que sou hoje. Mas, durante aquele tempo, eu pensava no futuro. "O que preciso fazer? Num futuro próximo, terei de dar palestras para um grande número de pessoas e escrever livros. Para isso, será essencial que eu tenha me refinado espiritualmente e armazenado bastante conhecimento. Talvez eu leve quatro, cinco, seis décadas para aprender as muitas lições com a experiência, então devo compensar minha falta de experiência com o máximo de conhecimento." Foi pensando assim que me concentrei no meu próprio desenvolvimento. Não tinha nenhuma dúvida de que, cedo ou tarde, surgiriam circunstâncias adequadas, então levei adiante a tarefa de me desenvolver, sem outras preocupações.

Essa é uma maneira de lidar com a insônia. Em vez de se queixar porque as circunstâncias em sua vida não são adequadas a sua missão, você deve dizer a si mesmo que, se realmente tem uma missão a cumprir, no momento certo a situação mudará, e você florescerá de acordo com seu potencial. Você não tem como saber quando isso acontecerá; até lá, aproveite o tempo para se aperfeiçoar incansavelmente, concentrando-se no que acha que será exigido de você. Sem autopiedade nem tristeza, construa sua força. Aqueles que se perturbam com facilidade quando enfrentam problemas são indivíduos comuns. Em momentos difíceis, é importante que se façam esforços incessantes e diligentes.

O Sol Sempre se Levanta

A expressão "o sol sempre se levanta" pode ser antiga, mas descreve bem uma das verdades da vida. Todas as tardes, o sol desaparece no horizonte e se ergue novamente, sem falta, depois de umas dez horas de escuridão. O sol promete que, depois de se pôr, certamente voltará a nascer.

Pergunto-me se alguém no mundo imagina que um dia o sol não se levantará. Acredito que não; ninguém duvida que o sol surgirá de novo. Por quê? Porque ele se levantou hoje de manhã, ontem, antes de ontem e no ano passado. Quando nossos mais remotos ancestrais viviam, o sol já se levantava todas as manhãs, então, não há razão para duvidarmos de que ele se erguerá amanhã, depois de amanhã, e assim por diante.

O mesmo ocorre na vida. Depois de qualquer dificuldade ou período de sofrimento, você pode ter certeza de que o sol voltará a brilhar. Quando estiver passando por dificuldades ou sofrendo, procure olhar calmamente para si mesmo pela perspectiva de outra pessoa, e considere se alguém mais já enfrentou esse mesmo problema. As pessoas costumam pensar que suas dificuldades são enormes e que não há nada que possam fazer para resolvê-las, mas os problemas, na maioria, não são únicos. Problemas iguais já ocorreram antes e estão ocorrendo agora. Outras pessoas já passaram por angústia e sofrimento semelhantes aos seus.

Há um fato interessante ligado a esse assunto: sempre encontramos pessoas que se orgulham de estar sofrendo de uma doença grave. Se vão a um médico e ele afirma que não há motivo para preocupação, elas não ficam satisfeitas com o diagnóstico e vão procurar outro médico. Se o diagnóstico é o mesmo, elas procuram outro. Só ficam satisfeitas quando lhes dizem que sua doença é muito séria. Há numerosos pacientes assim, e, surpreendentemente, há também muitos que ficam aliviados quando lhes dizem que sua doença é única.

No campo da psiquiatria, foram esclarecidos vários casos como esses. Muitas vezes, o paciente consulta um psiquiatra para ouvi-lo dizer que sua personalidade é complicada, não para buscar uma solução para seus problemas. Como resultado das dificuldades que enfrentam, fazer o psicoterapeuta perder tempo torna-se realmente um modo de esses pacientes se satisfazerem com um distorcido senso de superioridade. Querem que o terapeuta veja que pessoas sensíveis e complexas eles são.

Além do que ocorre entre psiquiatras e pacientes, há muitos casos de problemas semelhantes em outros relacionamentos. Examine seu comportamento e veja se está tentando satisfazer algo em si mesmo por meio da preocupação e do sofrimento. Você tem certeza de que, por não ter obtido aprovação do mundo exterior, não está tentando se transformar num herói trágico? Você pode dizer honestamente que não está apenas fingindo sofrer de ansiedade apenas para ser visto como sensível e complexo? Essas são perguntas que você deve fazer a si mesmo.

Há pessoas que sempre pensam o pior a respeito de sua saúde e de seus problemas, agravando assim suas preocupações. Mas, em algum momento da vida, elas precisam parar com essa tendência. Muitas sentem um prazer secreto com a ideia de que são infelizes e merecem piedade. Queixam-se de várias maneiras: "Sou infeliz por causa dessa doença", "Se eu tivesse tido notas melhores no exame, minha vida hoje seria melhor", "O ambiente em que eu vivi naquela época resultou na minha situação atual", "Ah, se as coisas tivessem sido diferentes!".

Isso se chama autopiedade. Como as pessoas que sentem piedade de si mesmas acham que ninguém as ama, tentam intensamente fornecer amor a si mesmas. Embora pensem que fazendo isso estão se suprindo de "fertilizante", não sabem que esse fertilizante contém veneno. Se continuarem a usá-lo, cedo ou tarde suas "flores" murcharão. A autopiedade é venenosa porque impede o crescimento espiritual.

Enquanto as pessoas amarem a si mesmas com autopiedade, não serão abençoadas com as qualidades que todos admiram, nem trarão riqueza para sua vida. Muitos são os que procuram a menor desculpa para entocar-se num canto, vendo a si mesmos como heróis de tragédias, e então extraem prazer de suas próprias feridas. Eles precisam compreender que a autopiedade nunca os levará à real felicidade.

Por exemplo, há pessoas que sofrem durante anos por uma desilusão amorosa. Talvez pensem que a pessoa amada era maravilhosa e que, embora elas tenham feito tudo o que podiam por essa pessoa, seu amor não foi recompensado. Continuam com o coração partido por quatro, cinco anos, acreditando que nunca irão se curar. Embora a pessoa possa achar que o ser amado era uma das criaturas mais bonitas do mundo, o objeto de seu amor, quase sempre, é perfeitamente comum aos olhos dos outros.

Mesmo atores e atrizes famosos parecem bastante comuns para suas famílias, que não os veem como pessoas particularmente atraentes. Por mais incríveis que possam parecer na televisão ou no cinema, na vida particular são mulheres e homens comuns, apenas bem maquiados, iguais a pessoas que encontramos em qualquer lugar. Na maioria dos casos, as "estrelas" não se julgam pessoas extraordinárias, nem mesmo têm uma autoestima elevada.

Em geral, as pessoas tendem a idealizar os outros em uma fantasia, magoam-se por causa da própria obsessão e, então, deixam-se levar pela autopiedade. Por exemplo, a mulher que você idealiza pode não ser de uma grande beleza, mas você acha que não encontrará outra igual no mundo todo. Provavelmente ela é apenas alguém que estudou na sua classe, trabalhou no mesmo escritório, ou que você conheceu em outro lugar. Ela é somente uma de um número limitado de mulheres que se encaixam no seu ideal de mulher, e sua avaliação a respeito dela pode não ser objetiva. A origem do problema está no fato de você ter julgado que essa mulher é de uma beleza ímpar.

Em suma, o segredo para que o sol volte a brilhar é tentar não se agarrar à noite por muito tempo. É importante saber que a noite terminará. De fato, você deve se livrar de pensamentos de autopiedade o mais rápido possível, e rejeitar a ideia negativa de que foi abandonado pelo mundo. Esteja sempre consciente de que você é um magnífico filho de Deus, e continue indo em frente usando essa consciência como um apoio em sua vida.

Embora uma pessoa possa criticá-lo, outra o elogiará. Mesmo que você não saiba qual opinião é a verdadeira, continue avançando. Somente quando a tampa de seu caixão se fechar, os outros compreenderão claramente que tipo de pessoa você realmente era, por isso não se aborreça com o que dizem ou disseram a seu respeito. Não estou lhe sugerindo para viver de modo egoísta, apenas explicando que nem sempre os outros conseguem compreendê-lo.

É um fato que aqueles que se entregam à autopiedade e tendem a ser heróis de tragédias geralmente acabam em ambientes trágicos, assim como aqueles que menosprezam a si mesmos costumam se tornar alvo de abuso. O mesmo ocorre com os cães: as pessoas evitam atirar pedras ou bater em um cachorro que parece forte, mas um cão que foge à menor ameaça pode tornar-se alvo de maus-tratos. Essa perversidade faz parte da natureza humana. Por isso, é importante que você não dê a impressão de que é fraco.

Nunca se entregue à autopiedade; ande por seu próprio caminho, com tranquilidade e firmeza. Esse é o segredo para fazer o sol nascer de novo.

Dê Passos Firmes

Gostaria de concluir este capítulo analisando a importância de andar com passos firmes nos períodos de ansiedade e aflição. Em fases assim, a mente vagueia como uma folha ao vento, e a pessoa tende a ver os problemas como sendo extremamente sérios. Nesses momentos, é importante lembrar-se de duas perspectivas.

Uma é a macroperspectiva, pela qual você se vê como se estivesse infinitamente longe. Se, em meio ao sofrimento e à confusão, você se visse através dos olhos de Deus, de Sua vasta perspectiva, acharia o que está acontecendo assim tão grave? Na maioria dos casos, sua aflição é simplesmente o resultado da comparação que você faz entre si mesmo e algumas centenas ou talvez até milhares de pessoas, como, por exemplo, as que trabalham na mesma empresa que você. Talvez você esteja aborrecido porque um colega ganhou uma bonificação maior ou recebeu antes uma boa promoção. Talvez a causa seja uma circunstância familiar, como, por exemplo, o adoecimento de sua esposa.

É importante que você se pergunte se seu sofrimento é realmente enorme ou se na verdade é algo pequeno, um fato corriqueiro que passará com o tempo. Essa capacidade de ver a si mesmo de uma distância infinita é essencial para solucionar os problemas da vida.

A outra maneira importante de ver as coisas é a microperspectiva, isto é, concentrar-se em enriquecer a si mesmo a cada dia. Quando surge o infortúnio, alguns indivíduos começam a trabalhar desesperadamente para serem notados pelos outros. Podem tentar fazer algo excepcional ou começar a contar vantagem. Por exemplo, alguém que está sofrendo por uma desilusão amorosa pode, de repente, começar algo novo, na ânsia de mostrar que não foi afetado, ou então uma pessoa que não conseguiu a promoção desejada no trabalho pode começar a vangloriar-se de seus passatempos. São pessoas que, levadas pela dor, tentam de todo modo parecer excepcionais.

Na maioria das vezes, porém, elas se enchem de autodepreciação e acabam sofrendo ainda até seis meses depois. Por isso, quando estiver passando por uma fase ruim, procure não reagir com exagero, nem fazer algo só para se exibir. Não é uma boa ideia começar um grande projeto ou contar vantagem na frente dos outros, como reação à dor; isso produzirá um resultado ainda pior e o fará menosprezar-se ainda mais.

Quando estiver sofrendo, não faça nada drástico para chamar a atenção dos outros. Em vez de se exibir, continue andando em frente, seguindo seu próprio caminho. Essa microperspectiva é importante. No campo de suas habilidades, tente transformar a si mesmo, tornar-se uma pessoa melhor, andando sem parar na estrada do autoaperfeiçoamento. Seja indiferente aos olhares dos outros, dedique-se a desenvolver suas habilidades, 24 horas por dia.

Há funcionários de empresas que, tendo falhado em cumprir uma tarefa que lhes foi confiada, ficam atormentados e começam a sugerir projetos maiores. Contudo, pelos momentos difíceis que passaram, eles perderam seu equilíbrio mental e emocional, suas baterias estão esgotadas e precisam de recarga. Para recarregá-las, esses indivíduos precisam agir com moderação e dedicar tempo à criação de um estoque de energia interior. Se você falhar no trabalho, não tente embarcar em projetos ainda maiores por estar com o orgulho ferido; apenas observe-se calmamente e cultive seu eu interior por cerca de seis meses.

O mais importante é caminhar para a frente, dando passos firmes dia após dia. Cuide de sua saúde e enriqueça seu eu interior. Sempre que seus olhos virem algo perturbador ou sua mente for abalada por alguma causa externa, dirija a mente para dentro de si mesmo, a fim de criar um estoque interior.

Se estourou uma guerra num país estrangeiro, você não precisa começar a correr de um lado para outro com uma lança na mão. Para construir uma nação que não seja propensa à guerra é preciso educar o povo, construir uma economia estável e uma agricultura produtiva. Em outras palavras, cada pessoa precisa estabelecer alicerces firmes dentro de si. Sempre que um indivíduo está desprevenido, pode sofrer ataques externos, então nenhuma área da mente deve ficar sem proteção.

Como foi dito, há duas perspectivas principais pelas quais você pode enfrentar a ansiedade e a angústia. Uma delas é ver qualquer infortúnio que ocorrer por uma macroperspectiva, isto é, pela perspectiva de Deus. Então, talvez você perceba que o problema não é tão grande como parecia, que se trata de uma situação comum, que passará cedo ou tarde. A outra é você ver a si mesmo por uma microperspectiva. Não é boa ideia ficar se vangloriando, entrar em grandes projetos ou ter atitudes drásticas para tentar justificar o fracasso. Se fizer isso, você será visto como alguém sem muito potencial. Na adversidade, tente permanecer sereno e continuar a desenvolver a si mesmo.

Se você é realmente um membro da sociedade importante e competente, não será deixado de lado para sempre; um dia será notado. Não estou dizendo que você deve esperar sete anos para o ciclo passar. No prazo de seis meses a um ano, chegará o dia em que você será reavaliado e lhe oferecerão uma nova posição. Enquanto isso não ocorre, é importante que você seja discreto no falar e no agir, e que refine seu eu interior. Para enfrentar e vencer a ansiedade e a angústia, é preciso que você continue caminhando com passos firmes, avançando um pouco mais a cada dia.

Capítulo 4

INFLUÊNCIAS ESPIRITUAIS COMO CAUSA DE
SOFRIMENTO

---- ✸ ----

A Origem das Influências Espirituais Negativas

Quando se trata de resolver os problemas da vida, é muito importante compreender as influências negativas geradas por seres espirituais. Quem acredita na existência do mundo espiritual talvez queira saber se realmente há fantasmas.

Embora as pessoas tenham ouvido falar de fantasmas em contos de fadas ou histórias de terror, elas não imaginam que os espíritos têm algo a ver com a realidade delas. No mundo invisível, porém, os espíritos que exercem influências negativas estão realmente em atividade e tentam nos influenciar de várias maneiras.

Mas o que são esses espíritos? O melhor modo de descrevê-los é dizer que são espíritos que reagem à energia negativa emitida por seres humanos, ou seja, à energia dos pensamentos negativos das pessoas. Aqueles que, enquanto estão vivos na Terra, cultivam pensamentos negativos constantemente vão para o inferno após a morte e vivem lá como maus espíritos[2]. Em outras palavras, os maus espíritos não foram criados originalmente no início dos tempos; são aqueles que se desviaram do caminho correto no processo da vida, de maneira que qualquer ser humano pode se tornar um mau espírito.

Como seres humanos, temos a liberdade de manter qualquer tipo de pensamento na mente e, usando essa liberdade, podemos mudar nosso próprio ser. Pelo uso irrestrito dessa liberdade de pensamento, os humanos tanto podem se tornar seres do bem como seres do mal. Os maus espíritos são aqueles que não souberam usar essa liberdade corretamente.

Onde eles erraram? Vamos examinar essa questão. O motivo de as pessoas se tornarem maus espíritos é que elas geraram pensamentos que feriram seus semelhantes. Amar a si mesmo não é errado, mas é inegável que esse

---

2. Os maus espíritos podem ser descritos como seres confusos, mal orientados ou até mesmo malignos, que se desviaram do caminho da Verdade.

amor-próprio contém sentimentos de má vontade em relação aos outros, sejam ativos ou passivos. No campo de uma mente egocêntrica, existe o desejo de puxar os outros para baixo, ou então de ser sempre o número um.

Se aplicado corretamente, o desejo de se valorizar estará de acordo com os princípios do desenvolvimento e da prosperidade. No entanto, se for usado indevidamente, mesmo que só um pouco, causará muitas consequências negativas. Por exemplo, se você pensar apenas em si mesmo, jogará lixo num rio sem pensar nas consequências; não vai se importar com o fato de que está criando problemas às pessoas que vivem rio abaixo. Por isso há regras específicas para o descarte do lixo. Se você se preocupasse apenas em manter limpo o interior da sua casa, poderia facilmente jogar o lixo na rua, se isso fosse permitido. Aqueles que não conseguem compreender por que isso não é permitido serão malvistos pelas outras pessoas.

O que demonstra a humanidade dos indivíduos é a capacidade que eles têm ou não de compreender essas regras, porque o principal desafio de um ser humano é saber viver como indivíduo, ao mesmo tempo em que vive em harmonia com o resto da sociedade. Como indivíduo, cada pessoa precisa manifestar sua condição de ser único e as qualidades que a distinguem das demais, porém precisa simultaneamente criar harmonia e contribuir para o desenvolvimento do conjunto.

É aí que se originam os maus espíritos. Como resultado do conflito entre a liberdade dos indivíduos, cria-se negatividade na forma de distorção, e os maus espíritos encarnam essa negatividade no curso da vida deles, e vivem apoiados nela. Os humanos são seres espirituais, e seus pensamentos revelam sua verdadeira natureza. A negatividade surge quando se tenta atribuir a causa dos infortúnios às outras pessoas ou ao ambiente em que se vive. É preciso optar pelo modo correto – ou um modo melhor – de se viver como ser humano, no que se refere a governar o eu interior. Embora seja difícil mudar o ambiente, sempre é possível mudar os próprios pensamentos.

Cerca de 2.000 anos atrás, três homens foram crucificados no monte Gólgota, num lugar que agora é Israel. Dois deles eram criminosos, assassinos e ladrões; o outro era um prisioneiro que ironicamente estava sendo chamado de "Rei dos Judeus", e cujo crime fora declarar-se como tal. Esse homem era Jesus Cristo. Embora o fato objetivo da crucificação dos três homens fosse o mesmo, havia um mundo de diferença entre o estado de espírito de Jesus e o dos outros dois homens.

Não importa a situação que siga, você ainda tem o controle total de sua própria mente. Então, os pensamentos que permanecem em sua mente no decorrer da vida são muito importantes. Na verdade, os maus espíritos passam a existir porque fizeram mau uso da dádiva da liberdade.

Uma faca pode ser usada para descascar uma fruta, mas também para ferir outras pessoas. A faca não vem com instruções dizendo que deve ser usada para descascar frutas e não para ferir os outros; isso fica por conta do bom senso de quem a usa. Em resumo, o bem e o mal surgem do modo pelo qual usamos nossa liberdade, que é o presente mais precioso que os seres humanos recebem. Se houvesse um mecanismo que impedisse a geração de pensamentos negativos, nós perderíamos nossa liberdade. Como resultado, a rara beleza da vida e os meios para o desenvolvimento espiritual não mais existiriam.

Vista de uma perspectiva mais ampla, a negatividade é um instrumento eficiente para o desenvolvimento da alma. O fato de um espírito tornar-se mau é o lastimável resultado do mau uso da liberdade da alma.

Más Religiões

Existem diferentes tipos de maus espíritos. Em primeiro lugar, há aqueles que estão ligados a certas religiões. Esses espíritos se infiltram em más religiões e influenciam a mente daqueles que as seguem.

Hoje, existem numerosos grupos religiosos, e muita gente se associa a eles, de um modo ou de outro. Entre esses grupos, há diversas más organizações em que o mal se infiltrou em seus fundadores ou nos ensinamentos, e engana seus seguidores. Um grande número de espíritos habita esse tipo de organização religiosa. Qual é a causa da aparição desses espíritos no mundo?

Há muitos espíritos no inferno que desejam ser salvos e estão sempre procurando maneiras de aliviar sua dor e angústia. Estão esperando alguém que acabe com seu sofrimento e lhes traga alívio. Quando esses espíritos entram em más organizações religiosas e se apossam das pessoas que delas fazem parte, conseguem fugir temporariamente dos sofrimentos do inferno. Por isso, muitos deles se reúnem em torno desses grupos. O que ocorre com frequência é que os seguidores que nunca tiveram grandes problemas antes começam a enfrentar desarmonia no lar e outras dificuldades porque se envolveram com uma má religião e estão sendo influenciados negativamente por espíritos. Assim, a presença de maus espíritos tem aumentado neste mundo.

Além dos maus, há outros espíritos particularmente malignos, que também são descritos como "demônios" ou "satânicos". Esses seres tentam dominar até mesmo as boas religiões para, assim, atrapalhar o trabalho dos Anjos de Luz. Estão sempre procurando oportunidades de criar

Influências Espirituais como Causa de Sofrimento

confusão numa religião e fazer com que ela se divida em pequenas facções. A ação desses espíritos malignos é uma ocorrência comum em organizações religiosas. A religião é, em essência, maravilhosa, mas às vezes essas interferências criam confusão. Tais seres malignos são cheios de frustração e tentam, de algum modo, obter autorrealização. Todavia, a autorrealização deles assume a forma de destruição, de uma tentativa de arruinar os outros.

Sentir prazer com a ruína e o sofrimento de outras pessoas é a pior atitude mental que um ser humano pode ter. Os seres malignos prosperam nesse nível. A mente humana é capaz de altos e baixos, e, quando está no nível mais baixo de todos, ela sente prazer com o infortúnio de outras pessoas, rindo, zombando e desejando causar uma infelicidade ainda maior.

Os espíritos malignos que estão ligados a certas religiões se apossam de pessoas que estão na escuridão, dominadas por preocupações e desesperadas para escapar da infelicidade. Eles ficam satisfeitos quando veem uma pessoa afundar no desespero e sofrer cada vez mais. No entanto, não podemos culpá-los totalmente, porque há uma parte em todos nós que se alegra ao ver a infelicidade de outra pessoa. Portanto, é importante estabelecer um eu interior forte, que não seja afetado por influências espirituais negativas. As preocupações e ansiedades geram áreas desprotegidas na mente, que permitem que os espíritos ligados a certas religiões possuam as pessoas. Se muitos indivíduos aderirem a uma má religião, buscando solução para suas preocupações e ansiedades, essa religião se tornará a morada de um grande número desses espíritos.

O mundo espiritual é o mundo do pensamento, onde aqueles que têm pensamentos semelhantes se atraem mutuamente, e aqueles com pensamentos diferentes se repelem. Os Anjos de Luz e os demônios repelem-se uns aos outros. Aos olhos dos demônios, os anjos parecem maus, enquanto, para os anjos, são os demônios que parecem maus. A verdade, porém, é que o bem está do lado de Deus, e isso pode ser provado pela conexão com a "felicidade". Os espíritos malignos geralmente são egocêntricos e buscam a felicidade sem se importar com o que isso custe aos outros. Por outro lado, aqueles para quem Deus sorri buscam a felicidade pensando no que podem fazer para melhorar o mundo, a fim de que o maior número possível de pessoas viva feliz. É importante compreender a diferença entre essas duas atitudes.

Luxúria

Na primeira parte deste capítulo, vimos que os maus espíritos são aqueles que fizeram um mau uso da dádiva da liberdade. O mesmo ocorre em relação aos espíritos da luxúria.

Influências Espirituais como Causa de Sofrimento

Os humanos são livres para pensar o que quiserem, e como Deus os dividiu em seres masculinos e femininos, é natural que homens e mulheres se olhem mutuamente com interesse. No entanto, dependendo do modo como é controlado, esse sentimento tanto pode levar a algo bom como a algo ruim.

A união entre um homem e uma mulher é protegida pelo sistema do casamento, porque Deus espera que eles se juntem para criar um lar, onde possam trabalhar para construir uma utopia e, assim, alcançar a felicidade. No entanto, se agirem apenas de acordo com seu instinto físico, homens e mulheres criarão resultados negativos.

Homens e mulheres têm, essencialmente, a missão de criar uma utopia no lar, que é o núcleo de uma sociedade ideal. Às vezes, porém, as pessoas ficam cegas sob a força do desejo pelo sexo oposto e agem de acordo com ele. Isso não é certo, porque vai contra a ideia de que criar uma utopia no lar é uma maneira de criar uma sociedade ideal.

Embora seja difícil generalizar, e alguns casos podem ser bem complicados, a questão importante é saber se um casal pretende desenvolver um relacionamento sexual baseado no amor recíproco ou se nesse relacionamento não haverá amor. É essa diferença que separa a raça humana dos animais irracionais. A principal característica que diferencia os seres humanos é justamente o fato de terem a consciência interior de certo e errado.

Deus dotou os seres humanos com sentimentos de vergonha e de constrangimento; você já parou para pensar por que isso foi necessário? O motivo é que a vergonha serve de freio para proteger as pessoas, impedindo-as de cair na depravação. Os jovens, em particular, costumam ter um forte senso de vergonha; eles evitarão fazer algo errado se acharem que sentirão vergonha caso sejam descobertos.

O sentimento de vergonha é uma das emoções mais básicas; protege os seres humanos da degradação. O fato de esse sentimento existir como parte da nossa alma revela que devemos respeitar certa ordem. A razão de não sermos totalmente livres para explorar nossa sexualidade à vontade é que fomos dotados de sentimentos de vergonha e constrangimento como qualidades da alma. Deus, em seus planos, decidiu que precisávamos ter essas emoções.

Quando as pessoas ficam obcecadas pelo sexo, perdem de vista os ideais elevados e sua aspiração ao autoaperfeiçoamento, e isso aos poucos leva à degradação. Desde os tempos antigos, há numerosos tabus ligados a questões sexuais, porque os jovens tendem a tornar-se facilmente obcecados por sexo.

Influências Espirituais como Causa de Sofrimento

Uma vez que nascemos como seres humanos neste mundo, é impossível negar o interesse pelo sexo oposto. Mas, ao mesmo tempo, não podemos esquecer que nossa alma contém um mecanismo para controlar e ajustar esse interesse. As pessoas que usam sua liberdade de um modo que contraria a verdadeira natureza da alma conhecerão consequências negativas e sofrerão no inferno como espíritos da luxúria.

Esses espíritos tentam satisfazer seus desejos apossando-se de pessoas na Terra e desencaminhando-as. Isso é comum nas áreas de prostituição das cidades. Se as pessoas vão lá para beber, por exemplo, gradualmente perdem seus poderes racionais e entregam-se à sensualidade, apesar de viverem normalmente de acordo com o bom senso e estarem imunes aos espíritos da luxúria. Começam a gostar das luzes de neon e, caminhando por esse ambiente, muitas vezes são tentadas pelos espíritos da luxúria e acabam ficando iguais a eles.

Na verdade, as pessoas que se tornam presas das tentações da carne têm uma capacidade racional distorcida. Se sua capacidade de raciocínio permanecesse firme, elas não se envolveriam nesse tipo de problema. Esse é um ponto muito importante; então, quando alguém lida com problemas de luxúria, manter firme a capacidade racional é uma maneira de solucioná-los.

Tendências Animalescas

Algumas pessoas costumam pensar sobre os espíritos de animais, por exemplo, de cobras e raposas. Os animais também são criaturas de Deus, e no corpo deles habitam espíritos que desejam crescer espiritualmente; portanto, é natural que existam espíritos de animais.

Talvez você se pergunte se os animais também podem ir para o inferno após a morte, e a resposta é "sim", porque eles também têm sentimentos de alegria, raiva, tristeza e prazer, exatamente como os seres humanos. Algumas pessoas argumentam que os animais não têm emoções ou que são incapazes de pensar, mas o fato é que eles pensam, dentro de certos limites, e quase todos podem experimentar essas emoções básicas.

Até mesmo pequenos insetos são capazes de sentir emoções básicas, de modo limitado. Eles querem fazer o que lhes dá prazer e evitam a dor. Conhecem tanto a alegria como a tristeza. Se isso é válido para os insetos, então obviamente os animais mais evoluídos são capazes de sentir uma gama mais ampla de emoções.

No decorrer de repetidas reencarnações, animais como vacas, cavalos, porcos, cães e gatos têm vivido em estreita proximidade com os seres humanos, e por causa disso são capazes de compreender, até certo ponto, o que as pessoas pensam. Alguns desses animais podem pensar

Influências Espirituais como Causa de Sofrimento

de uma maneira bastante semelhante à dos humanos. No entanto, pelo fato de habitarem corpos de animais e estarem presos nessa forma animal, não conseguem expressar adequadamente suas emoções.

Então, espíritos de animais realmente existem, mas a questão é: podem os espíritos de cobras ou raposas tentar possuir e enganar os humanos, como narram as fábulas orientais desde os tempos antigos? Eu estaria mentindo se dissesse que não. As raposas e cobras são espiritualmente muito fortes, têm grande poder espiritual. Como existem há longo tempo na Terra, passando por numerosas reencarnações, esses animais acumularam várias formas de força espiritual.

As almas dos animais têm diferentes tendências. Tomemos as cobras, por exemplo. Elas gostam de lugares úmidos, deslizam pelo chão e geralmente são desprezadas pelos humanos. A razão desse desprezo talvez seja por causa de sua aparência repulsiva, além de sua natureza impiedosa e violenta. As cobras realmente têm essa tendência para a maldade; foi por exercerem a liberdade de sua alma que elas adquiriram essa tendência e vieram à Terra em forma de cobra.

Espíritos de animais que vagueiam após a morte aproximam-se de pessoas que têm desejos fortes. Diferentemente dos humanos, os animais não podem compreender coisas complexas, mas possuem desejos básicos – como fome, querer ser forte e viver muito tempo –, então são atraídos pelos desejos humanos e, alimentando-se deles, aliviam seu sofrimento.

Muitos maus espíritos de animais sofrem grande fome e, como não podem comer, sofrem ainda mais. Com o tempo, seus desejos insatisfeitos tornam-se incontroláveis, e eles causam todos os tipos de danos aos seres humanos, por exemplo, possuindo-os e fazendo-os sofrer de reumatismo, dor nas costas ou dor de cabeça.

Além desses, há outros espíritos de animais que não são simplesmente maus. Existe uma parte do inferno conhecida como o Inferno das Bestas ou o Inferno dos Animais. Como o mundo espiritual é um mundo de pensamento, seus habitantes assumem uma forma que é um reflexo exato do que pensam. Por exemplo, alguém que é extremamente brutal ou vingativo aos poucos assumirá a forma de uma cobra, porque seus pensamentos se manifestam em sua aparência externa. Uma pessoa que gosta de enganar os outros, pensando apenas em seu próprio benefício e agindo de maneira egoísta, poderá assumir a forma de uma raposa. Se esses espíritos ficarem na forma de um animal por vários séculos, começarão a acreditar que são, realmente, cobras ou raposas. Então, há espíritos que se julgam animais, quando na verdade são humanos. Esse é outro tipo de espírito animal que existe.

Se um espírito assumir a forma de um animal por muito tempo, ficará impregnado de uma consciência animal. Assim, existe a possibilidade de que ele nasça como animal na encarnação seguinte, embora isso aconteça apenas a uma pequena minoria de espíritos. No entanto, renascer como animal ainda é uma degradação para um espírito humano. Esses espíritos podem ser vistos em cães, por exemplo, que parecem expressar emoções quase humanas, ou em outros animais devotados aos seres humanos.

Essa degradação, porém, é apenas temporária, e a longo prazo esses espíritos na verdade estão evoluindo. Por viverem com atributos animais, eles se tornam capazes de ver a dignidade humana por uma nova perspectiva. Essa experiência é semelhante à de um presidente de empresa aposentado que, pela reflexão, adquire uma perspectiva diferente a respeito do cargo que ocupou no passado. Embora possa achar que todas as suas realizações foram resultado de suas próprias habilidades, depois de aposentado ele descobre que só realizou seu trabalho com a ajuda de toda a empresa. Os funcionários públicos têm a mesma experiência; aqueles que costumavam se vangloriar achando que eram especiais, trabalhando para um ministro do governo, por exemplo, depois da aposentadoria descobrem que não eram tão especiais quanto seu cargo os levava a crer.

Qual é a diferença fundamental entre espíritos de animais verdadeiros e espíritos que são humanos mas assumem uma forma animal? O que ocorre é que estes últimos foram pessoas que perderam o sentimento de orgulho por sua humanidade, que não tentaram usar sua liberdade de um modo mais elevado para criar algo de valor, e não aproveitaram a oportunidade de evolução que lhes foi dada. Em outras palavras, podemos dizer que essas pessoas são espíritos menos evoluídos, em busca de um grau mais alto de liberdade no caminho da dignidade humana.

Ódio

Gostaria de concluir este capítulo falando sobre os espíritos vingativos. Esses são espíritos cheios de ressentimento e ódio. Alguns acham que o modo como uma pessoa morre é muito importante, e isso certamente é verdade. Outros também acreditam que quem morre com ódio no coração vai retornar como fantasma. Acontece que, se uma pessoa morre ainda guardando um forte ressentimento, ela não consegue abrir mão dele e, como resultado, apossa-se de outras pessoas ou lhes provoca infelicidade.

Isso não é verdade somente para os espíritos dos mortos; ressentimento e ódio alimentados pelos vivos têm o mesmo efeito. Se uma pessoa está cheia desses

Influências Espirituais como Causa de Sofrimento

maus sentimentos, eles serão canalizados pelo pensamento para o objeto de seu ódio o dia todo. Como resultado da vibração desses pensamentos negativos, a vítima poderá começar a sofrer muitas dores, sentir-se sempre cansada ou até mesmo adoecer. Então, se você sentir que há algo errado com sua saúde, sem nenhuma razão aparente, ou muitos infortúnios estão ocorrendo em sua vida, pense e tente descobrir se você é objeto do ódio de alguém, seja vivo ou morto.

Se você sabe de alguém que morreu guardando rancor de você, tente fazer o seguinte: primeiro, estude a Verdade de Deus todos os dias e viva de acordo com os ensinamentos. Segundo, se você fez algo ruim para a pessoa, e por isso ela o odiava, arrependa-se sinceramente de suas ações. Terceiro, tente transmitir a Verdade que você aprendeu diretamente para a pessoa. Ajude-a a compreender como é errado estar perdida por apegar-se ao ódio. Você pode fazer isso pelo pensamento. Se você realmente compreendeu os ensinamentos da Verdade, eles serão transmitidos à pessoa morta.

O ressentimento de pessoas vivas também é muito poderoso e, em alguns aspectos, os vivos podem ter um poder ainda maior do que os espíritos dos mortos. Alguém pode guardar rancor de outra pessoa, por exemplo: "Ele atrapalhou minha promoção"; "Fracassei porque ela me enganou"; "Meu casamento acabou porque ele me traiu."; "Ela roubou a única pessoa com quem eu queria me casar". Se você é alvo desse tipo de ódio, é improvável que alcance o sucesso ou a felicidade.

Uma maneira de se livrar do ódio e do ressentimento é praticar a autorreflexão. Se você acredita que é alvo de rancor, reflita para descobrir por que isso aconteceu e, se fez algo errado, arrependa-se. Se o que gerou esse ressentimento foram seus desejos ou seu egoísmo, peça desculpas diretamente à pessoa a quem prejudicou, ou, se isso não for possível, peça perdão a ela em seu coração.

Em alguns casos, tudo não passa de um mal-entendido. Se for isso, tente esclarecer a situação. Se não conseguir, reconcilie-se com a pessoa em seu próprio coração ou peça a seu espírito guardião e seu espírito guia que se comuniquem com ela, para que o relacionamento seja reatado.

Se, ao refletir sobre o passado, você descobrir que é culpado, faça tudo o que for possível para resolver o problema. Mesmo que não seja o responsável pela desavença, não culpe a outra pessoa. Em vez disso, se houver nela algo digno de louvor, ofereça-lhe palavras de elogio e tente vê-la de uma maneira mais positiva.

Se você atraiu o ressentimento de uma pessoa, talvez seja porque você só vê as características negativas dela. Pare com isso; se descobrir algo de que não gosta nela, procure um ponto positivo. Se descobrir três coisas que lhe desagradam, pense no mínimo em três coisas que possa apreciar. É importante que você adote esse modo de pensar.

A mente de uma pessoa que lhe serve de obstáculo é, na verdade, um espelho que reflete seus próprios pensamentos. Se, em sua mente, você mudar o modo como se sente a respeito daquela pessoa, descobrirá que ela também mudará. A razão do ressentimento entre duas pessoas pode ser o fato de que nenhuma delas tem um grande apreço pela outra ou até se desprezam. Se for esse o caso, assuma sua parte da responsabilidade e peça desculpa de boa-fé ou procure na outra pessoa características que possa admirar e elogiar. Essa é a maneira de se livrar do rancor de outras pessoas, estejam elas mortas ou vivas.

Ninguém gosta de ser odiado, e ninguém com esse problema consegue progredir na vida; por isso, não provoque ressentimentos contra você. Viva com humildade e gratidão. Se você provocou o ódio de uma pessoa sem nunca tê-la ferido, é porque costuma monopolizar o amor dos outros ou tem a tendência de se exibir. Talvez seja ostentador em relação a algo ou pareça orgulhoso demais aos olhos dos outros. Então, se descobrir que tem a tendência de causar ressentimento em outras pessoas, é porque ainda não alcançou um grau adequado de humildade; faltam-lhe humildade e sentimento de gratidão. Procure pensar em uma maneira de viver com um coração altruísta.

Descrevi os vários aspectos dos maus espíritos. Cada um deles pode muito facilmente ocorrer no mundo interior de um indivíduo. Se você encontrar algum desses sintomas em sua própria mente, pare e faça uma autorreflexão. Quando descobrir o que fez de errado, peça perdão a Deus com sinceridade e prometa que nunca mais cometerá o mesmo erro. A atitude certa para aqueles que vivem de acordo com a Verdade é sempre corrigir os próprios erros, almejando um maior crescimento espiritual e um coração puro.

Capítulo 5

VENCER INFLUÊNCIAS
NEGATIVAS

---※---

Enriqueça Sua Compreensão Espiritual

Neste capítulo, eu gostaria de explicar como enfrentar as influências espirituais negativas e vencer os problemas originados por elas. Esses tipos de problema surgem porque as pessoas raramente têm uma compreensão exata dos assuntos espirituais e, por não perceberem a verdadeira natureza dos maus espíritos, não sabem lidar com eles.

Quando uma pessoa está fisicamente doente, um médico pode prescrever remédios ou até mesmo fazer uma cirurgia para curá-la. Mas, quando se trata de sofrimento emocional e mental, é quase impossível encontrar alguém que possa prescrever um remédio. Então, a pessoa pode agir como seu próprio médico e tomar remédios por conta própria, o que faz surgir muitos outros problemas.

Uma pessoa religiosa é, essencialmente, "um médico da alma", da qual se espera que possa prescrever "remédios" para curar os males da alma. Hoje, porém, existem tantos "pseudomédicos" que fica difícil obter um tratamento satisfatório. Por isso, é necessário que se procure o verdadeiro conhecimento espiritual para, assim, promover o avanço dos "estudos médicos" da alma. No campo da ciência médica, há um abrangente sistema de teorias que dão respaldo ao tratamento clínico. Os médicos conseguem curar pacientes com diferentes doenças porque têm conhecimento de medicina. No campo da espiritualidade, entretanto, há falta de tais teorias básicas.

Hoje, diferentes religiões competem entre si para atrair mais seguidores, cada uma delas alegando representar a verdadeira fé, e a maior preocupação do público em geral é saber em qual acreditar. Em linhas gerais, a ciência médica pode ser dividida em medicina ocidental e oriental, e em cada campo os médicos estudam as curas e os efeitos de remédios de maneira objetiva. No campo espiritual, porém, quase não se fazem pesquisas, e não há um conhecimento claro de "tratamentos" que sejam eficazes. O problema é que, embora existam meios subjetivos de avaliar as curas, não há padrões objetivos.

Quando se luta contra espíritos que exercem influência negativa, é indispensável enriquecer o conhecimento espiritual. Primeiro, convém conhecer a verdadeira natureza desses espíritos. A questão da existência de maus espíritos não deveria ser tratada com indiferença; é importante saber que um mau espírito é uma alma doente, e que qualquer pessoa pode se tornar um deles. Isso quer dizer que, quando um indivíduo morre sofrendo de uma doença da alma, existe uma grande possibilidade de que se torne um mau espírito após a morte.

E o que significa ter uma doença da alma? No mínimo, que a pessoa não está nutrida de sentimentos de felicidade, mas sofrendo, angustiada. Às vezes, as pessoas podem ter sentimentos muito negativos sobre si mesmas ou ficar obcecadas por sentimentos negativos em relação aos outros. Quando uma pessoa se encontra nesse estado tão extremo, começa a criar sofrimento, por exemplo nunca se sentindo contente, sempre reclamando, resmungando, enchendo-se de suspeitas, de frustração, tornando-se autoritária ou adquirindo um complexo de inferioridade. Seu comportamento é igual ao de uma mosca presa num recipiente de vidro; sem perceber que está presa, continua voando em círculos e chocando-se contra as paredes. É assim que os seres humanos se comportam quando estão presos num redemoinho de preocupações. Por isso, procure descobrir se você está sob a influência de um mau espírito, pois talvez esteja sendo desviado do caminho certo.

O princípio que diz "os semelhantes se atraem" é uma das leis básicas que regem este mundo e o outro. Há sempre um bom motivo para os maus espíritos se aproximarem de pessoas que têm no íntimo certos elementos que os atraem. Se você analisar o tipo de espírito que o está influenciando negativamente, poderá compreender quais são os erros que está cometendo na sua mente. Nesse sentido, um mau espírito pode ser considerado uma espécie de *personal trainer*. Aqueles que são perturbados por tais espíritos não estão levando uma vida calma, pacífica e feliz. Estar sob a influência deles indica que a pessoa ainda tem uma longa distância a percorrer no caminho rumo à iluminação.

Para entrar no caminho da iluminação, você não deve depender de uma força externa para afastar esses espíritos; em vez disso, procure olhar para dentro de si e os expulse você mesmo, removendo a energia negativa que os está atraindo. Todo mundo carrega em si mesmo as sementes do mal que atraem o mal exterior, e isso é chamado de "mal interior". Afinal, enfrentar espíritos que têm uma influência negativa não significa lutar contra espíritos que estão fora de você, mas combater a fraqueza de sua própria mente.

Os maus espíritos não conseguem se aproximar daqueles que são alegres e animados, que não têm apego e cujo coração está cheio de luz, porque ali não há lugar para eles se alojarem. Você precisa descobrir rapidamente uma maneira de restabelecer um estado mental claro como um céu azul. Enquanto estiver hesitante, sua mente nunca será clara.

Um estado mental que atrai maus espíritos é como um céu carregado de nuvens de chuva. Embora o sol esteja sempre brilhando por trás das nuvens, não pode atravessá-las. Da mesma forma, as nuvens de sua mente bloqueiam a luz de Deus, então a primeira coisa a fazer é dissipá-las. Para isso, faça um exame cuidadoso e veja que tipos de nuvens estão dentro de você. Assim, saberá o que fazer para afastá-las.

Preocupações são aqueles assuntos nos quais você pensa o tempo todo; são pensamentos aos quais sua mente se agarra. Os seres humanos não se preocupam com duas coisas ao mesmo tempo; embora você talvez ache que tem várias preocupações, na maioria dos casos todas elas se originam de uma única causa. Existe, na verdade, apenas uma preocupação central. E essa é, de fato, aquela que provoca mais danos em sua vida, por isso é preciso atacá-la de frente.

  O que o faz sofrer é um único pensamento ou ideia, fruto de sua imaginação. "Aquela pessoa está tornando minha vida infeliz" é um único pensamento, e pode estar lhe causando sofrimento. Comentários feitos pelos outros também podem fazê-lo sofrer. Enquanto uma certa pessoa não se importa com um comentário em particular, as mesmas palavras podem causar vários anos de sofrimento a outra. Qual é a diferença entre essas duas pessoas? Vamos analisar melhor esse ponto.

Autoconfiança

Pessoas diferentes reagem de modo distinto à mesma situação. Por exemplo, se uma pessoa fala mal de outra, isso terá um efeito diferente em cada uma delas. Algumas simplesmente ignoram o comentário ofensivo e esquecem tudo, enquanto outras se sentem como se tivessem recebido uma flechada no coração que não pudesse ser tirada, e isso lhes causa uma dor interminável. Há também pessoas que aceitam críticas e refletem sobre elas com humildade, então tentam corrigir seus erros e esquecem o resto. Existem muitos tipos diferentes de pessoas, mas uma coisa é certa: o modo como aceitamos ou rejeitamos os acontecimentos externos é um fator decisivo na nossa vida.

Um dos principais requisitos para a solução de problemas é a autoconfiança. Ser autoconfiante não significa superestimar as próprias habilidades ou ser arrogante. A autoconfiança é a indescritível confiança que vem da certeza de que você não é inútil, mas traz em si as sementes de um grande potencial. Quando as pessoas estão mergulhadas em dor ou sofrimento, tendem a se tornar negativas a respeito de si mesmas e a pensar que não têm nenhum valor. No entanto, é importante que se vejam com olhos mais objetivos e digam a si próprias que não são tão ruins como imaginam.

Quando examinar sua vida em retrocesso, você poderá dizer: "Eu estava errado sobre isso", ou "Eu poderia ter agido de um modo melhor naquela situação", mas ao mesmo tempo vai reconhecer que, no conjunto, não fez um mau trabalho. Existe a percepção de que você estava recebendo amor de Deus e a convicção de que esteve a serviço dos outros. A autoconfiança é o acúmulo de pequenas certezas como essas. É importante que você se observe nas várias situações do cotidiano e, aos poucos, descubra em si mesmo a pessoa que está a serviço de outras. Sem isso, não é possível construir a verdadeira autoconfiança.

As aves aquáticas que deslizam pela superfície dos lagos têm uma camada de óleo que reveste suas penas, repelindo a água. É assim que funciona a autoconfiança. Não importa o infortúnio que aconteça, a autoconfiança age como esse óleo, evitando danos às profundezas do coração. Por exemplo, a extensão do dano causado pela morte de um dos pais, de um irmão ou de alguém próximo varia de uma pessoa para outra. Algumas levam dez anos para se recuperar da dor da perda, outras ficam doentes ou seus cabelos embranquecem de repente, enquanto outras continuam a viver a vida serenamente. Quando um de seus entes queridos falece, é importante que você seja grato por tudo o que aquela pessoa fez por você e diga a si mesmo que agora caminhará com seus próprios pés.

Em todas as situações, é essencial que você acredite em Deus do fundo do coração. Se acreditar que Deus criou este mundo, verá que mesmo algo triste deve ter sentido ou um propósito. É impensável achar que a intenção de Deus seja simplesmente causar dor a seus filhos. A morte de uma pessoa da família pode torná-lo mais forte. Ao se separar de um amigo, talvez você conheça outra pessoa fantástica; se você e seu parceiro romântico romperem, pode ser que você encontre um ainda melhor. Tente pensar assim.

O importante é que, com o passar do tempo, você crie um estoque de força interior. Em vez de se debater na dor e afogar-se em angústia, trabalhe para refinar sua alma. Em períodos de crise, é vital que você se apegue a sua fé em Deus e seu amor por Ele. Quando se sentir em meio a um mar de preocupações, pergunte a si mesmo se ama a Deus. A maior parte das pessoas fica obcecada pelo amor a si mesma, e só consegue pensar em como é infeliz, buscando desesperadamente a solidariedade dos outros. Mas o problema é que elas nunca acham que recebem o suficiente.

Em tempos ruins, endireite-se e levante os olhos para o céu aberto. As pessoas que se entregam às preocupações e caem sob influência espiritual negativa geralmente andam curvadas, olhando para o chão, viram as costas para o sol e se fixam apenas em sua própria sombra. Enquanto se comportarem assim, não conseguirão ver a luz.

Então, endireite o corpo e vire o rosto para o sol. Assim, estará expressando seu amor por Deus. Não fique concentrado apenas nesse minúsculo ser que é você, mas na grandiosidade de Deus, enchendo-se de gratidão. Você precisa tomar consciência da vastidão do amor que recebe de Deus e, mesmo se estiver se sentindo infeliz agora, com o tempo compreenderá que o que está acontecendo não é tão grave como parece. Na verdade, essa experiência está lhe fornecendo alimento para seu progresso futuro.

Não têm importância os desafios que o aguardam; se você lembrar que está aprendendo lições novas a cada problema, isso apenas irá fortalecê-lo. Se tiver um espírito indômito, coisas que parecem difíceis nunca o derrotarão; ao contrário, aumentarão suas forças. Aqueles que são livres e independentes e têm espírito forte nunca serão derrotados por dificuldades. Em suma, sejam quais forem as adversidades que você enfrentar, encare-as como o martelo e a forja que o modelam, aperfeiçoando sua alma.

Autorreflexão

Não podemos falar em afastar influências espirituais negativas sem considerar a autorreflexão; talvez esta pareça uma abordagem bastante passiva, mas na verdade é um excelente método para enfrentar dificuldades espirituais.

Observando as palavras e o comportamento de pessoas que sofrem influências espirituais negativas, é possível compreender por que a autorreflexão é um ótimo método. O que essas pessoas têm em comum é que sempre alegam que nada é culpa delas. Queixam-se, por exemplo, que o sistema não é bom, que a empresa para a qual trabalhavam estava errada, que alguém as magoou, que vieram de uma família ruim ou cresceram numa área ruim, que os culpados eram os parentes ou que o problema era a aparência física delas.

Ao agir desse modo, essas pessoas jogam toda a culpa em fatores externos, e isso é característico dos maus espíritos. Se você identifica essa tendência em si mesmo, deve considerar que talvez esteja sob influência espiritual negativa ou então que é um excelente candidato a se tornar um mau espírito no futuro. Perceba que, quando você tenta atribuir a causa de sua infelicidade a fatores externos, está se tornando um alvo para influências espirituais negativas.

Nesse caso, é essencial praticar a autorreflexão. Isso significa olhar para dentro e examinar a si mesmo. Quando tiver vontade de culpar os outros, olhe para seu interior. Mas como fazer isso? Primeiro, você precisa se perguntar se o motivo da discórdia não reside não só na outra pessoa mas também em você. Tente ver se não houve algum problema que você mesmo originou. Então, se descobrir que cometeu algum erro, desculpe-se com a pessoa, diretamente ou em pensamento. Depois, peça perdão a Deus e procure nunca mais cometer o mesmo erro.

Um bebê nasce nu e não sabe nada deste mundo, mas, enquanto cresce, acumula experiências e aprende muitas lições por meio de tentativas e erros. E o que ele aprende por esse processo é o mais importante. Você deve ter sempre uma atitude positiva em relação ao aprendizado, e a autorreflexão é uma maneira de aprender. Os seres humanos passam por inúmeras experiências novas no decorrer da vida, e, se você descobrir que cometeu um erro em algum ponto dessa jornada, reflita sobre o que fez.

O modo tradicional budista de praticar a autorreflexão é pelos Oito Corretos Caminhos[3]. O primeiro componente desses Caminhos é a Correta Visão, que significa olhar as coisas pela perspectiva certa. Significa que você deve avaliar se está enxergando os outros e a si mesmo objetivamente, como se fosse pelos olhos de uma terceira pessoa. As pessoas costumam ver os outros e a si mesmas por um prisma tendencioso e pensar: "Aquele indivíduo nasceu numa família ruim, por isso se comporta tão mal", "Ele é pobre, então deve ter complexo de inferioridade", "Os ricos são arrogantes e exploram os pobres", "Os famosos são todos iguais".

É uma tendência do ser humano generalizar e fazer julgamentos simplistas sobre os outros. Decidir rapidamente como as pessoas deveriam ser. Por exemplo, "os religiosos devem ser assim" ou "os atletas devem agir de tal e tal modo", e assim por diante. A verdade, porém, é que todas as pessoas são diferentes, não importa o gru-

---

3. Ver *As Leis do Sol*, capítulo 2: "A Verdade do Darma Búdico", e capítulo 3, "O Grande Rio do Amor".

po ao qual pertençam, além do que é quase impossível compreender os sentimentos de uma pessoa que mal se conhece. Pegue o exemplo de um grupo de pessoas que trabalha no mesmo escritório. As funcionárias têm suas próprias preocupações, o novo empregado tem as dele, assim como o gerente. Todos têm preocupações, de um tipo ou de outro.

É difícil enxergar os outros corretamente. Mesmo que você passe a vida toda tentando, ainda assim será difícil. Nunca se esqueça de que, embora possa ver uma pessoa de determinada maneira, é provável que exista um modo totalmente diferente de vê-la. O mesmo pode ser dito a seu respeito. Você tem certas crenças sobre o tipo de pessoa que é, mas precisa estar aberto à possibilidade de que pode parecer totalmente diferente se for olhado de outra perspectiva.

O componente seguinte é a Correta Expressão. Na luta para superar as dificuldades espirituais, a prática da Correta Expressão é da máxima importância. Quando as pessoas estão sob influência espiritual negativa, os primeiros sinais dessa influência podem ser detectados na maneira como elas falam. Aqueles indivíduos que estão sempre criticando os outros, se queixando e reclamando, muito provavelmente estão sendo influenciados negativamente. Se você perceber que está falando de forma negativa, pense no motivo que o leva a fazer isso e procure se esforçar para usar uma linguagem mais positiva. Esse esforço irá guiá-lo para o caminho de uma vida mais feliz.

Os Oito Corretos Caminhos também incluem a Correta Dedicação, isto é, o esforço que se faz para andar no caminho que leva a Deus. Os espíritos que exercem influência negativa só se preocupam em tentar corromper as pessoas e estão cheios do desejo de fazê-las sofrer a mesma dor que eles experimentam. Como resultado, eles não gostam de pessoas que têm aspirações elevadas e se esforçam para viver de modo correto. Todavia, esses espíritos podem enganar até mesmo essas pessoas, que rapidamente se tornam arrogantes, autoritárias ou egocêntricas. Por outro lado, eles não conseguem afetar aquelas que estão constantemente seguindo adiante e praticando a autorreflexão com humildade; de maneira alguma eles conseguem influenciá-las.

Um indivíduo especializado numa arte marcial, como o caratê ou o judô, geralmente é cortês e bem-educado. Aqueles que são verdadeiramente fortes tratam os outros com gentileza. Por exemplo, alguém que seja faixa preta no kendô (espécie de esgrima japonesa) não terá nenhum desejo de bater na cabeça de outra pessoa com um bastão, assim como uma pessoa faixa preta no judô não terá vontade de jogar no chão um estranho que encontrar na rua.

Criminosos e delinquentes, por outro lado, gostam de destruir coisas e agredir pessoas. Aqueles que usam a violência dessa maneira não possuem a vontade necessária para concentrar sua energia nos esportes; não têm a mínima intenção de praticar a Correta Dedicação. Se quisessem realmente provar que são fortes, fariam isso praticando uma arte marcial como o judô, o kendô ou o caratê, mas não é isso o que ocorre. Em contrapartida, aqueles que são treinados adequadamente em um esporte ou arte marcial são gentis e atenciosos. Eis aqui outra diferença entre espíritos bons e perturbadores. Se você fizer um esforço genuíno para seguir o caminho certo, irá se aperfeiçoar e no final ficará livre de qualquer desejo de ferir outras pessoas.

A Correta Mentalização também é importante nos Oito Corretos Caminhos. Quando estiver praticando a autorreflexão, o aspecto do controle da vontade não deve ser negligenciado; você precisa ficar atento à sua vontade em todas as horas do dia. A vontade revela o tipo de pessoa que você é e constitui o que distingue um santo de uma pessoa comum. Os pensamentos que ocupam a mente de um santo são diferentes daqueles de uma pessoa comum, e o mesmo ocorre com os espíritos elevados. Eles veem as coisas de uma perspectiva mais alta, de um ponto de vista mais amplo e generoso, e desejam sempre guiar o maior número possível de pessoas. Por outro lado, as pessoas comuns estão interessadas apenas em si mesmas, e veem as coisas dessa perspectiva limitada; o uso que fazem da vontade é muito diferente daquele de um santo.

O mesmo pode ser dito em relação ao modo como as pessoas se aproximam umas das outras. Há uma enorme diferença entre aquelas que se aproximam com a intenção de orientar e aquelas com a intenção de ferir. De fato, as pessoas que deveriam ser as mais admiradas no mundo são as que estão sempre pensando na felicidade do maior número possível de pessoas. No decorrer de sua vida, na felicidade de quantas pessoas você pensou e o que fez de concreto por elas? Essa é a essência do ser humano. Com esse objetivo, gostaria que você examinasse sua vontade pelo menos uma vez por dia.

Dentre os Oito Corretos Caminhos também está o Pensamento Correto, que significa pensar da maneira certa. Nesse caminho, o "pensamento" se refere a tudo o que entra ou sai da sua mente. Enquanto lida com as muitas situações do cotidiano, você deve observar e controlar os pensamentos que passam por sua mente. Já a "vontade" que é a base da Correta Mentalização indica um senso de direção, é aquilo que você pretende fazer no futuro. Então, a prática da Correta Mentalização exige que você faça um esforço para garantir que sua vontade não esteja indo na direção errada, mas continue seguindo o caminho para Deus.

Assim, com a prática da autorreflexão você descobrirá em si mesmo um eu equilibrado, um ser que é autêntico, bem formado e altamente refinado. Ao se tornar uma pessoa equilibrada, você não deixará espaço para maus espíritos que queiram enganá-lo. Os espíritos que exercem influência negativa sempre tentam atacar uma pessoa em seu ponto mais fraco. Concentram suas energias no lado sombrio de uma pessoa ou numa área que esteja desequilibrada, por isso é tão importante não criar esses pontos fracos.

Nesse contexto, podemos dizer que a autorreflexão é a defesa mais segura contra as influências espirituais negativas. Além de ser a melhor defesa, também funciona como um ataque muito potente porque, no processo de se defender, a pessoa emite pensamentos que os maus espíritos detestam. Assim como os mosquitos não chegam perto de incensos repelentes de insetos, esses espíritos não suportam aproximar-se de alguém que pratique a autorreflexão. Um mau espírito é igual a um mosquito; quando esses "mosquitos" estiverem voando ao seu redor, tentando sugar seu sangue, é importante que você emita o que eles mais odeiam: pensamentos sobre um modo de vida correto. E para restabelecer um modo de vida correto, você precisa praticar a autorreflexão. Com isso, conseguirá impedir que esses espíritos se aproximem.

A Filosofia do Pensamento Positivo

Outro modo de enfrentar as dificuldades espirituais é com a filosofia do pensamento positivo. Aqueles que se envolvem com espiritualidade com o tempo ampliam sua sensibilidade e, às vezes, podem sofrer influências espirituais negativas. Então, quando os maus espíritos se aproximam, é comum que a vítima se sinta mal e com a cabeça pesada.

Uma das medidas mais eficazes contra isso é o pensamento positivo, ou seja, a ideia de usar luz para dissipar as trevas. É muito difícil extinguir a escuridão, mas, com um esforço para aumentar a intensidade da luz, as trevas naturalmente desaparecerão. Quando estamos num quarto escuro, basta acendermos uma vela: e se a luz ainda for insuficiente, podemos acender mais velas. Pensamento positivo é isso.

Se numa determinada rua escura ocorrem muitos assaltos à noite, a solução é aumentar o número de lâmpadas para melhorar a iluminação da área. O mesmo se aplica à escuridão da mente; os ladrões raramente atacam em ruas bem iluminadas. Se você viver de modo positivo e com espírito alegre, descobrirá que isso é eficiente para evitar que aconteçam situações negativas. Isso é fato comprovado.

Qual dessas pessoas ganha sua simpatia: alguém que está sempre sorrindo ou alguém que vive de mau humor? Alguma vez você já achou um rosto sorridente repulsivo? Não importa a quem pertença o sorriso, ele é sempre atraente. O sorriso é algo que nos foi dado como uma forma de compaixão. Alguém fica aborrecido quando está perto de uma pessoa alegre? Se isso ocorrer, é porque provavelmente está sob influência espiritual negativa. Normalmente as pessoas ficam felizes e sentem-se renovadas quando veem alegria no rosto de alguém.

Então, uma forma de dissipar as influências espirituais negativas é emitir uma luz intensa. Em vez de tentar eliminar essas influências ou lutar contra elas, você pode expulsá-las aumentando sua luz interior, ou seja, tornando seus pensamentos mais positivos. Todo mundo carrega dentro de si um pouco de escuridão na mente, "o mal interior", que atrai o mal exterior; por isso, a primeira coisa a fazer é eliminar essa escuridão fortalecendo a luz.

A escuridão consiste, em sua maior parte, de emoções negativas, como preocupações e queixas. Preocupações com o futuro e queixas sobre o passado são fatores que atraem influências espirituais negativas. Mas será realmente verdade que seu passado foi repleto de acontecimentos infelizes? Claro, talvez você tenha sofrido muito, mas provavelmente, de alguma forma, conseguiu superar o sofrimento. Quando você analisa seu passado e não vê nada além de uma sucessão de fracassos, seu modo de ver as coisas está desequilibrado. Com certeza você sofreu algumas derrotas, mas é bastante improvável que toda a sua vida tenha sido um fracasso. Então, o problema não reside nos fatos, mas no modo como você os julga. Talvez você tenha pintado um quadro de seu passado usando apenas lápis de cor cinza.

O pensamento positivo é um método de transformar uma avaliação cinzenta dos fatos em uma avaliação dourada. Mesmo que você tenha experimentado muitos tipos de dor e sofrimento no passado, as lições que aprendeu e o valor que adquiriu com essas experiências é que vão se tornar o material para fazer com que sua vida seja radiante.

Os seres humanos aprendem muito com o fracasso. Dizem que Thomas Edison fracassou centenas de vezes antes de finalmente conseguir inventar a lâmpada elétrica. Mas para ele, que praticava o pensamento positivo, aqueles não foram fracassos, mas provas de que certos métodos não levavam ao sucesso. Foi assim que ele interpretou sua experiência.

Da mesma forma, em vez de considerar um fracasso simplesmente como um fracasso, é importante que você diga a si mesmo que aprendeu quais métodos não funcionam e comece a procurar outro caminho. Assim, da próxima vez que estiver numa situação parecida, saberá o que fazer. Seu passado não é amaldiçoado nem o aprisiona; pelo contrário: ele lhe oferece material para o autoaperfeiçoamento e lhe mostra os caminhos que devem ser evitados no futuro para que você alcance a felicidade. Visto por essa perspectiva, o passado lhe parecerá maravilhoso.

Quanto ao futuro, é essencial que você tenha autoconfiança para acreditar que, não importa o que aconteça, será capaz de superar. Aqueles que têm um profundo sentimento de infelicidade e acreditam que o futuro os punirá, estão exageradamente preocupados consigo próprios. Essa preocupação exagerada os leva a crer que, se pensarem no pior que pode lhes acontecer, não precisarão ter medo de mais nada. Mas essa atitude apenas traz infelicidade. O importante é você aprender a pensar mais positivamente, dizendo a si mesmo que as coisas de ontem se resolveram, que as de hoje estão se resolvendo e que as de amanhã também vão se resolver. Mesmo que de fato surja uma crise amanhã, perder seu tempo preocupando-se com isso hoje não terá nenhum efeito positivo. É essencial acreditar e fazer um esforço para criar um futuro positivo.

Outro aspecto importante do pensamento positivo é a manifestação da vontade. Se você tiver pensamentos positivos e construtivos, estará criando situações positivas e construtivas para si mesmo, mas, se sua mente estiver repleta de pensamentos passivos, negativos, o mesmo tipo de situação passiva e negativa aparecerá ao seu redor. A propósito, as técnicas de autorrealização tão populares hoje devem ser valorizadas, porque é um fato que um futuro brilhante se abrirá diante daqueles que estão sempre plantando na mente pensamentos positivos e construtivos.

Eu gostaria que todas as pessoas conseguissem alcançar a autorrealização, agindo do modo certo. Veja a si mesmo no futuro como um ser que brilha intensamente, e use essa imagem para alcançar um magnífico sucesso na vida. Acredito que, para um ser humano, o sucesso supremo significa ampliar e aprofundar o próprio caráter, exercendo assim influência positiva sobre o maior número possível de pessoas e guiando-as na direção certa.

Enquanto sua vontade não for positiva e seu íntimo estiver dominado por emoções negativas e sombrias, você nunca encontrará a felicidade. Gostaria que você considerasse a filosofia do pensamento positivo como a base da felicidade e a autorrealização como o método para alcançá-la.

Mergulhar no Trabalho

Gostaria de concluir este capítulo falando da necessidade de se mergulhar no trabalho. Pessoas que têm problemas com influências espirituais negativas criam na mente áreas desprotegidas que permitem que os maus espíritos entrem sorrateiramente. Quando uma pessoa está cercada por preocupações e sofrimento e leva uma vida de frustração, isso facilita a entrada desses espíritos. Então, para que nenhuma área fique sem proteção, é necessário que a pessoa mergulhe naquilo que é mais importante para ela, isto é, que dedique a maior parte de sua energia a uma atividade que considere realmente valiosa.

Se você está sendo influenciado negativamente por espíritos, é importante que não passe muito tempo pensando nisso. Concentre-se no que precisa fazer no presente, no trabalho disponível. Não use como pretexto dizer que é infeliz porque está sendo vítima de influências espirituais negativas. Também não é desculpa ficar magoado com os comentários de alguém. Assim como é a pessoa que decide o que falar a seu respeito, é você que decide como receber o que foi dito. Você não pode culpar os outros ou as circunstâncias por sua mágoa.

Em vez de se entregar a pensamentos pessimistas e emoções negativas, concentre-se no que considera mais importante. Se você está desperdiçando tempo com preocupações, tome uma atitude positiva, mesmo que seja pequena. Os seres humanos não conseguem pensar em duas coisas ao mesmo tempo, então, quando estiver cheio de preocupações, mergulhe em alguma atividade.

Por exemplo, você pode tentar encontrar novas ideias para melhorar o modo como faz as coisas normalmente e assim progredir; com essa atitude você será capaz de, um dia, alcançar grande sucesso. Se você acha que seu trabalho está se tornando rotineiro e monótono, pense em encontrar maneiras melhores de fazê-lo, arranjar mais tempo para si mesmo ou usar o tempo fazendo algo mais significativo.

Então, se você estiver em meio a preocupações ou sofrimento, invista toda a sua energia naquilo que considera mais importante. Mergulhando em uma atividade e mantendo-se ocupado, você encontrará um jeito de resolver seus problemas. Por exemplo, se alguém criticá-lo duramente por algo que você fez no trabalho, de nada adiantará ficar angustiado. Encare isso como um estímulo para trabalhar melhor, diga a si mesmo que sempre há espaço para se aprimorar e decida que, dali em diante, se esforçará o máximo que puder para alcançar os melhores resultados. Se conseguir pensar desse modo, quanto mais o criticarem, melhores resultados irá acumular, e você verá que a crítica é algo pelo qual deve ser grato.

Quando alguém o elogia no trabalho, você fica feliz e faz mais progresso. Em situações adversas, quando o criticam ou falam mal de você, se com isso conseguir compreender que precisa ser mais humilde e esforçado, o resultado também será positivo. Deus certamente abrirá um caminho diante daqueles que estão sempre tentando avançar, não importa o que aconteça. As pessoas deste mundo também abrirão caminho para eles.

Ficamos profundamente comovidos quando vemos pessoas avançando corajosamente em seu próprio caminho, mantendo suas convicções fortes, por mais que sejam criticadas ou censuradas. Às vezes, você pode ficar obcecado por preocupações e ansiedades de diferentes tipos, mas é exatamente nessas ocasiões que você precisa manter uma atitude resoluta e não abandonar suas convicções.

Portanto, mergulhar numa atividade e levar uma vida ocupada constitui um método eficiente para combater influências espirituais negativas e vencer dificuldades relativas ao espírito. Se as preocupações ameaçarem dominá-lo, tente aumentar o tempo em que se mantém ativo ou inicie uma nova atividade. Se não está ocupado com o trabalho, não se prenda a uma rotina, mas procure estudar algo novo e use seu tempo de maneira criativa.

Se você voltar sua mente para direções mais produtivas e construtivas, será capaz de vencer as dificuldades espirituais e, ao mesmo tempo, irá se tornar uma pessoa melhor. Em pouco tempo você perceberá que aquilo que parecia ser uma influência espiritual negativa na verdade desempenhou o papel de um professor, ajudando-o a refinar sua alma. Desejo sinceramente que todas as pessoas vejam a vida de uma maneira positiva, construtiva e alegre.

Capítulo 6

A MENTE
INABALÁVEL

---- ✸ ----

A Consciência de que Você
É Filho de Deus

Neste último capítulo, gostaria de falar sobre a mente inabalável, tema que serviu de título para este livro. No budismo, desde tempos remotos, uma mente inabalável tem sido considerada de extrema importância, porque a maioria dos sofrimentos e desilusões da vida vem da agitação mental. Um dos principais objetivos dos estudiosos budistas é a busca de maneiras de se estabelecer uma mente que não possa ser abalada.

Além desses estudiosos, se você observar as pessoas que encontra em sua vida cotidiana, notará que aquelas que mantêm a mente estável demonstram ter profunda paz interior e, ao mesmo tempo, força e confiabilidade. Sua determinação de vencer qualquer dificuldade e suas fortes convicções constituem a base da liderança. A essência da liderança é a capacidade de nunca se deixar perturbar por dificuldades menores e ter força para vencer qualquer problema. E a fonte dessa força é uma mente inabalável.

Muitos indivíduos alegam ter autoconfiança, mas a perdem assim que surge uma dificuldade; por exemplo, quando são censurados por um erro insignificante. Eles precisam desenvolver uma mente que seja realmente inabalável. Para alcançar isso, devem despertar para o fato de que são filhos de Deus porque sem essa compreensão a mente será inabalável apenas na superfície. A mente não fraqueja quando a pessoa reconhece que, no fundo de seu coração, está conectada com Deus. Sem essa certeza a vida se torna instável, como folhas flutuando na superfície das ondas, jogadas de um lado para outro.

Se estiver convencido de que é filho de Deus, você será estável, como um barco ancorado. O peso da âncora cravada no fundo do mar mantém o barco estável e o impede de ir à deriva. Na vida, a âncora corresponde à consciência de que você é filho de Deus e à crença de que está ligado a Ele. Se de fato acreditar nisso, você será capaz de superar qualquer obstáculo na vida.

Mas você estará perdido se deixar essa crença enfraquecer, se começar a aceitar a ideia de que está à mercê do destino, como uma folha ao vento. Isso apenas o fará ter pensamentos negativos e uma atitude pessimista, achando, por exemplo, que será magoado por circunstâncias e pessoas, ou que um trágico futuro está a sua espera. Ter uma vida infeliz, causada por esse tipo de ideia fatalista, ou escolher levar uma vida positiva é algo que só depende do que você acredita ser.

Aqueles que compreendem que são filhos de Deus e sabem qual é a verdadeira natureza de um filho de Deus demonstram ser extraordinariamente resilientes. Pessoas que conseguem ter confiança em si mesmas em meio a duras provações possuem força. Dizem que é importante conhecer os próprios limites, porque os que conhecem o limite exato de suas forças e de sua capacidade são fortes. Por exemplo, pessoas que passaram por uma guerra e viveram no limiar entre a vida e a morte em geral têm nervos de aço.

Desde tempos antigos diz-se que, para alcançar a grandeza, as pessoas precisam passar por alguma provação ou sofrimento, como uma doença grave, uma desilusão amorosa, um divórcio ou a perda de emprego. Essas dificuldades são consideradas um pré-requisito para a grandeza porque o sofrimento nos leva ao chão, nos momentos mais difíceis da vida. Aqueles que caem e se levantam tornam-se tão fortes que adquirem a capacidade de vencer qualquer obstáculo. Toda vez que você enfrentar um problema, procure descobrir seus limites, o quanto é capaz de suportar. Se puder encarar as situações dessa maneira, não lhe será difícil encontrar algum sentido positivo no sofrimento e na dificuldade. Por meio dessas experiências, você saberá qual será a extensão de sua força, quando algo realmente grande o puser "contra a parede".

Dizem que, para avaliar uma pessoa, basta apenas vê-la nas alturas do triunfo e nas profundezas do desespero. Aqueles que, num momento de vitória, expõem seu ego e se tornam arrogantes, ou que em tempos de dor choram e se lastimam, são indivíduos comuns. Os que conseguem levar a vida como de costume e mantêm a mente inabalável nessas circunstâncias extremas são seres humanos extraordinários.

Pense, por exemplo, no grande inventor Thomas Edison, que depois de muitas experiências patenteou várias de suas invenções. Certo dia, um incêndio destruiu seu laboratório, e quando ele viu tudo reduzido a cinzas simplesmente disse: "Bom, agora posso recomeçar de um jeito diferente".

Um incidente semelhante ocorreu com Thomas Carlyle, historiador e articulista britânico. Um dia, ele pediu a um amigo que lesse um manuscrito no qual estivera trabalhando. Depois que o amigo leu o texto e o devolveu, Carlyle deixou os papéis sobre a escrivaninha e foi dormir. Quando se levantou, descobriu que a empregada havia jogado os papéis no lixo. Em vez de ficar nervoso, aflito ou ansioso, ele começou a escrever o livro inteiro de novo, do zero. Depois de concluído, esse manuscrito tornou-se um famoso livro de história, descrito como obra-prima imortal. Vejo muita força nessa atitude.

Carlyle se manteve resoluto e com força suficiente para recomeçar, por maiores que fossem as dificuldades encontradas. Mesmo tendo perdido um trabalho já completo, ele foi bastante perseverante para fazer tudo de novo. Essa atitude é fundamental. Aqueles que acreditam que podem recomeçar alguma coisa da estaca zero, a qualquer momento, têm muita força. Já os que têm medo de perder posição ou fama e se agarram a elas, achando-se incapazes de recomeçar e recuperá-las, são fracos e podem facilmente ser derrotados.

É preciso ser forte como Edison, que viu no incêndio que destruiu seu laboratório uma oportunidade de fazer as coisas de modo diferente, ou como Carlyle, que depois de perder o manuscrito de um livro voltou a escrevê-lo, criando uma obra imortal. De fato, são mais impressionantes as atitudes desses grandes homens do que suas realizações.

Dale Carnegie, famoso por seus livros *Como fazer amigos e influenciar pessoas* e *Como parar de se preocupar e começar a viver*, também tinha a perseverança como característica. Quando jovem, queria ser romancista, mas os manuscritos dos dois romances que escreveu foram rejeitados pelas editoras. Depois disso, ele não tentou mais compor romances, mas começou a escrever livros maravilhosos sobre pensamento positivo e autoaperfeiçoamento. Essas obras tiveram uma influência notável em muita gente no mundo todo.

Carnegie nunca lamentou não ter tido sucesso como romancista; afirmou que estava feliz por ter escolhido outro caminho. Quando lhe disseram que nunca seria um romancista, ele ficou abalado e achou que havia chegado ao fim da estrada. Mas superou a rejeição e tornou-se educador e pensador, abrindo assim um novo caminho para si mesmo.

A boa sorte pode ser encontrada em qualquer lugar. Se você acreditar que sempre encontrará um modo de recorrer ao seu potencial, nunca será derrotado pelo sofrimento nem por dificuldades. Quanto mais convencido estiver da verdade de que é filho de Deus, mais indômito se tornará seu espírito. Valorize essa atitude, mantendo a certeza de que, aconteça o que acontecer, você voltará a se erguer.

Diamante Não Lapidado

A importância de saber que você é filho de Deus também pode ser explicada pela ilustração de um diamante não lapidado. Há um mundo de diferença entre aqueles que se veem como pedregulhos sem valor e os que se veem como diamantes brutos. Se você acreditar que seu verdadeiro eu é um diamante, quanto mais der polimento em si próprio, mais intensamente brilhará, e a luz que irradiar o encorajará a ir mais adiante. No entanto, as pessoas costumam se afundar em autopiedade, achando-se inúteis ou sem valor. Algumas até vivem de uma maneira que confirma a imagem que fazem de si mesmas como fracassadas. Toda vez que enfrentam um problema como uma desilusão amorosa, um fracasso no trabalho ou uma doença, elas se acham imprestáveis e acabam passando a vida reconfirmando isso para si próprias.

Essa atitude não é correta, pois significa que elas perderam de vista o diamante não lapidado de seu interior. Por mais sem esperança que uma pessoa pareça, não quer dizer que ela seja inferior de algum modo, apenas que o grau de refinamento do seu eu interior é diferente. Procure ter esse fato sempre em mente.

Quanto mais você refinar sua alma, mais intensamente ela brilhará. De acordo com o grau de seu brilho, as pessoas veem-se como pedras preciosas ou como pedregulhos. Não é de surpreender que aqueles que se consideram inúteis sejam vistos da mesma maneira pelos outros. O mais importante é o modo como a pessoa tenta superar o complexo de inferioridade que a faz sentir-se sem valor. A menos que se liberte dessa tendência, ela jamais conseguirá dar um salto positivo na vida.

Como essas pessoas que costumam se desvalorizar podem descobrir que não são meros pedregulhos, mas diamantes brutos? As pessoas que se depreciam podem ser divididas em dois tipos: um é o daquelas que sempre pensam de forma negativa e se agarram a experiências de fracasso, como se no íntimo quisessem confirmar que não servem para nada. O outro tipo é o das pessoas que normalmente são positivas e autoconfiantes, mas que perdem toda a noção do próprio valor quando alguma coisa abala sua confiança.

O melhor é que você não se veja de uma maneira totalmente negativa nem adote uma atitude radical. Não se esqueça de que, mesmo tendo características negativas, você também tem pontos positivos. Sem dúvida, existe o bem dentro de você. Mesmo que alguém o descreva de modo negativo, outra pessoa certamente lhe fará elogios. Alguém completamente ignorado pelo mundo ou que vive na obscuridade sem dúvida tem pontos positivos, então sempre é possível encontrar nessa pessoa algo elogiável. Sendo assim, por que você considera tão difícil achar pontos positivos em si mesmo? Examine-se atentamente, pelos olhos objetivos de uma terceira pessoa, e veja se consegue perceber sua natureza maravilhosa.

Se você teve um contratempo, talvez ache que perdeu tudo, mas na verdade não perdeu nada. Ao contrário: a situação pode estar lhe mostrando seus pontos fortes ou então revelando seu falso eu, resultado de uma vida levada artificialmente e do excesso de preocupação com o que os outros pensam a seu respeito. Se você conseguir encarar os fatos dessa maneira, ainda há esperança. Mesmo que fracasse neste mundo, isso não anula todo o seu valor, pois seus pontos bons continuarão intocados. Mas, se não adotar esse modo objetivo de ver a situação, nunca poderá descobrir o diamante bruto que existe dentro de você.

Por outro lado, alguns indivíduos vão para o outro extremo e se tornam autoconfiantes demais, achando-se simplesmente maravilhosos, e como resultado desenvolvem uma personalidade que repele os outros. Eles realmente acreditam que são os melhores do mundo, e por isso não aceitam conselhos de ninguém, e consideram errada qualquer pessoa que não os admire. Isso certamente causa problemas.

Esse tipo de pessoa não pode viver no céu. O céu é um lugar onde só vivem os que estão em harmonia consigo mesmos e com os outros. As pessoas que mantêm os outros à distância ou que consideram inimigas aquelas com quem não conseguem se dar bem, nunca poderão viver lá. Em vez de adotar esse tipo de atitude, procure encontrar uma maneira de conviver bem com todos. Se não tiver a intenção de mudar nem de se aperfeiçoar, não poderá dizer que está refinando o diamante bruto que existe em seu interior.

Ninguém sai por aí usando um anel que exiba um diamante sujo, dizendo que um diamante é sempre um diamante, mesmo que esteja coberto de lama. Tenho certeza de que você iria lavar e polir o anel antes de usá-lo. Da mesma forma, é importante que você dê um polimento cuidadoso em seu diamante interior.

As pessoas costumam fazer comentários sobre as roupas das outras, do tipo: "Como ela pode ir a uma festa com aquelas roupas?". Fico imaginando por que as pessoas são tão indiferentes no que diz respeito às "roupas" da mente. Você apareceria na frente de alguém que já alcançou um alto grau de iluminação com manchas em seu traje mental? Essas manchas são bastante óbvias para uma pessoa iluminada. Isso significa que também devemos limpar a mente. Você pode ter um terno de excelente qualidade, mas, se não o lavar, ele ficará sujo. Se você manda seus ternos à lavanderia para que sejam lavados, por que negligencia sua mente, deixando-a manchada e suja?

    Você só pode saborear boas refeições porque lava os pratos todos os dias. Se colocasse a comida em pratos sujos, o gosto não seria bom. E mesmo que tenha um grande número de pratos, terá pratos para lavar todos os dias. Então, por que não lavar a mente? Se você acha que essa é uma tarefa muito complicada, está enganado. Como pode se encontrar com outras pessoas e expressar suas opiniões claramente se sua mente não está limpa? Pense nisso.

Despertar das Ilusões

Gostaria de começar esta seção analisando o que é a ilusão. Quando você está iludido, seu coração e sua mente são abalados por emoções conflitantes. Quando se sentir preso numa situação em que as coisas ficaram tão emaranhadas que não é possível ver conexões lógicas entre elas, pode-se dizer que você está dominado por uma ilusão. Nessas ocasiões, você precisa descobrir um jeito de atravessar as dificuldades e encontrar uma saída.

Para achar a saída, é importante que você se observe e veja se não está negando seu próprio potencial, limitando a si mesmo. Algumas das premissas que você aceita como legítimas podem ser enganosas. Pense, por exemplo, na preocupação com o trabalho. Algumas pessoas fazem o mesmo trabalho a tanto tempo que acham que não ganhariam seu sustento fazendo qualquer outra coisa, mas elas precisam se perguntar por que acreditam nisso.

Se esse for o seu caso, você acha mesmo que não conseguiria fazer nenhum trabalho diferente desse em que se especializou? Procure perguntar a si mesmo por que lhe falta coragem e confiança para deixar esse trabalho, e por que não acredita que pode ganhar a vida com uma atividade diferente. Alguns homens alegam que não estão fazendo o que realmente gostariam por causa da mulher ou dos filhos: "Por amor a vocês, estou num emprego que de fato não me satisfaz, e continuarei nele até me aposentar. Se não fosse por vocês, eu seria livre para trabalhar no que quisesse, mas, por sua causa, não sou". Dizendo isso, estão tentando impor um sentimento de culpa à esposa e aos filhos. O problema certamente foi criado por eles mesmos, mas, como esses tipos não têm confiança suficiente em si mesmos, tudo o que podem fazer é reclamar dessa maneira.

Outra preocupação atual bastante frequente é com a saúde; muitas pessoas receiam ficar doentes ou sofrer um acidente. É fundamental a existência do plano de saúde e, no Japão, por exemplo, ele cumpre o seu papel do ponto de vista de assistência social. Mas o sistema de saúde não deveria estar baseado na ideia de que os seres humanos vão inevitavelmente ficar doentes.

Basicamente, os seres humanos podem ter uma vida longa sem adoecer muito. Você precisa entender que a ideia de que a doença existe é que cria a doença. As pessoas costumam pensar: "Se eu ficar doente, posso ir para um hospital" ou "Se eu tomar este ou aquele remédio, estarei salvo". Embora esse tipo de pensamento seja compreensível em pessoas de saúde frágil, é importante evitar a excessiva dependência de remédios. Por natureza, os seres humanos são saudáveis, e não se supõe que o corpo adoeça facilmente. Se você tiver uma crença firme na saúde, seu corpo naturalmente será mais forte. Por exemplo, se você confiar no seu sistema digestivo, ele funcionará bem; se não confiar e ficar tomando remédios para a digestão, seus órgãos digestivos aos poucos se tornarão mais fracos.

Quando surgem preocupações com a saúde, você precisa encontrar o filho de Deus que habita em seu corpo. Numa situação em que não há médicos nem remédios, muitas doenças são curadas naturalmente. Os médicos sabem muito bem que é o poder do paciente que cura a doença; os medicamentos e tratamentos apenas ajudam o processo de cura. Se o corpo humano não tivesse o poder de se curar, as cirurgias nunca cicatrizariam; os ferimentos fecham porque existe o poder espontâneo de cura.

Outras preocupações comuns são aquelas relativas ao dinheiro ou à situação financeira. As pessoas sempre têm medo de não ganhar dinheiro suficiente no futuro ou receiam que seus rendimentos não aumentem. Uma das razões para esse temor surge da falta de confiança em suas próprias habilidades. Neste mundo, há muitos trabalhos nos quais as pessoas podem ganhar bem, gerando abundância em suas vidas e às vezes até fortuna. Esses trabalhos são aqueles para os quais existe uma grande demanda. Ao contrário, os trabalhos que não atendem a nenhuma demanda não geram fortuna.

Em cada época aparece uma necessidade diferente; as pessoas estão sempre buscando alguma coisa. É importante ter sensibilidade para descobrir o que é essa "coisa". Se você for capaz de fornecer o que as pessoas querem, criará riqueza para si mesmo e para os outros. Por exemplo, quando alguém publica um livro que todo mundo quer ler, a obra se torna um *best-seller*; não apenas enriquece a mente dos que a leem, como também gera riqueza para o autor. O trabalho que se desenvolve visando às necessidades das pessoas será bem-sucedido. O mesmo ocorre, por exemplo, com a música. Uma música que atrai a atenção do público torna-se um sucesso, mas, independentemente da frequência com que você lança novas canções, se as pessoas não gostarem delas, não serão ouvidas.

O importante, então, é desenvolver uma espécie de sensor, uma capacidade de descobrir o que está sendo procurado. Se conseguir fazer isso, você estará abrindo seu caminho para o sucesso. Então, se você está preocupado com dificuldades financeiras, pense sempre no que as pessoas estão procurando hoje e no que você pode fazer para beneficiá-las; levando em conta esses pontos, é possível resolver problemas financeiros.

Até agora, vimos que as preocupações que mais parecem afetar as pessoas de nossa época são referentes a trabalho, doença e dinheiro. Além dessas, há também as que surgem no campo das relações humanas, e são inevitáveis. As pessoas criam sofrimento em diferentes tipos de relacionamento, tais como no trabalho e na família. Quando uma nova pessoa entra em sua vida, isso pode tanto levá-lo ao caminho da felicidade como ao da infelicidade. Você precisa pensar em um modo de resolver os problemas causados pelas relações pessoais. Quanto mais próxima uma pessoa for de você, mais você deve fazer um esforço sincero para criar um bom relacionamento.

É necessário buscar sempre maneiras de estabelecer relacionamentos melhores, em vez de simplesmente julgar os outros de acordo com suas próprias preferências ou aversões. Pense, por exemplo, no relacionamento entre nora e sogra. Se ambas procurarem as virtudes uma da outra e se elogiarem mutuamente, não surgirão problemas. Assim, a nora precisa descobrir os pontos bons da personalidade da sogra e mostrar sua admiração por eles, e a sogra deve fazer o mesmo em relação à esposa de seu filho. Isso criará entre as duas um relacionamento tranquilo, baseado em amor e respeito.

Porém, se cada uma se preocupar achando que a outra talvez vá magoá-la, a situação será o inverso. Por exemplo, se a sogra começar a reclamar que seu filho mudou para pior depois de casado, dizendo que ele se casou com a pessoa errada, a nora perceberá esses sentimentos negativos e passará a não gostar da sogra, desejando ficar o mais longe possível dela. Por outro lado, se ouvir a sogra dizer que seu filho tem uma boa esposa, a nora ficará feliz e terá bons sentimentos por ela.

Esse exemplo demonstra que a mente da pessoa é como um espelho que reflete a mente de outra. Na verdade, a imagem que você tem dos outros no espelho de sua mente nada mais é do que sua própria imagem refletida ali. Se aceitar essa ideia, você conseguirá se libertar do cativeiro das relações humanas. Então, para resolver problemas de relacionamento, é importante que você primeiro admire e elogie a outra pessoa, descobrindo e nutrindo seus pontos positivos. Se fizer isso, poderá receber boa vontade em troca.

Em outras palavras, para eliminar os problemas que surgem nos relacionamentos humanos, é preciso uma boa vontade ilimitada, como veremos a seguir.

Disposição Altruísta

Numa empresa, às vezes acontece de um subalterno trair seu superior falando mal dele ou sendo insolente, apesar de sempre ter sido ajudado e elogiado por ele. O superior fica zangado e pensa: "Fiz tudo o que podia por ele, não mereço que fale de mim desse jeito" ou: "Depois de todo o apoio que lhe dei, como ele tem coragem de falar assim comigo?". Essa é uma situação frequente. Diante de uma ingratidão, as pessoas normalmente se enfurecem ao pensar que fizeram tudo o que podiam por alguém e não receberam nada em troca.

O mesmo ocorre no relacionamento entre pais e filhos. Embora os pais acreditem que fizeram todo o possível pelos filhos, estes, depois que saem de casa, talvez não se esforcem para mostrar sua gratidão. Isso faz com que os pais se sintam abandonados. No mundo das artes e dos ofícios isso também é comum. Um aprendiz deixa o ateliê ou a oficina de seu mestre, depois de vários anos de aprendizado, e se torna seu rival. Numa empresa, o presidente passa anos preparando uma pessoa cuidadosamente para ser sua sucessora, então ela o deixa e abre um negócio próprio, tornando-se sua concorrente. Em situações assim, é simplesmente natural que aquele que ajudou e preparou o outro se sinta traído e explorado.

Se você já teve sentimentos desse tipo, é porque a ideia de "dar e receber" infiltrou-se em sua mente. As pessoas esperam, inconscientemente, receber algo em troca do que deram. Para evitar desapontamentos, você precisa continuar mantendo um coração amoroso. Quando fizer um favor a alguém, não espere nenhum retorno; apenas faça e esqueça que fez. Quando der alguma coisa a uma pessoa, dê e esqueça que deu. A infelicidade começa com essa atitude de lembrar constantemente o que você deu e esquecer o que recebeu dos outros. O pensamento "depois de tudo o que fiz por aquela pessoa, ela não fez nada por mim em troca" é o ponto de partida para a infelicidade.

Esse tipo de raciocínio é muito comum, mas as pessoas precisam se conscientizar de que há uma espécie de imaturidade nessa ideia de "fiz tudo por ele". Quando você dá algo a alguém, é importante que seja de forma espontânea. Isso é particularmente verdadeiro quando se trata de bondade e consideração; você deve se lembrar de que o amor que dá aos outros é um presente, uma transação de uma só via. Se receber amor em troca, considere isso um bônus inesperado.

Não espere nenhuma recompensa. Apenas dê com sinceridade e esqueça imediatamente o que deu. Por outro lado, procure se lembrar do que outras pessoas fizeram por você e sinta-se grato a elas. Há ingratos demais no mundo, e saiba que você não é exceção. Mesmo que acredite que abriu sozinho seu caminho no mundo, é inegável que, nesse processo, teve a ajuda de muita gente. Você esqueceu a boa vontade e o amor sincero que recebeu de seus pais, professores, amigos, o incentivo que seus superiores e colegas lhe deram. E por isso reclama, dizendo que nunca ninguém fez nada por você, mas recordando o que fez pelos outros e a ingratidão ou traição deles. É um fato: aqueles que jamais esquecem o que fizeram por outras pessoas geralmente são rápidos em esquecer o que foi feito por eles.

Quando fizer algo por alguém, procure não esperar recompensa e esqueça o que fez. Ao mesmo tempo, lembre-se do que os outros fizeram por você e seja grato a eles. Se todas as pessoas adotassem esse modo de pensar e agir, o mundo seria um lugar muito melhor.

O problema com a ideia de "dar e receber" é que falta nessa ideia um sentimento de disposição altruísta. Se você se queixa que alguém o criticou apesar de tê-lo elogiado, ou que ajudou uma pessoa e depois foi ignorado por ela, significa que em seu coração não existe disposição altruísta suficiente. Você está partindo do pressuposto de que, se for bom para os outros, eles deverão tratá-lo do mesmo modo. Isso demonstra que seu senso de felicidade é tão pequeno que pode ser abalado pela opinião dos outros, ou seja, sua disposição e felicidade são tão limitadas que você só se sente satisfeito quando recebe o mesmo em troca por algo que fez. Todavia, se estiver transbordando de disposição altruísta e felicidade, isso será suficiente para anular qualquer negatividade.

Então, procure ter disposição altruísta e dar felicidade ilimitada. Como uma fonte, jorre infinita energia interior. Olhe a natureza: nas montanhas podemos ver muitas fontes, de onde a água jorra em abundância. Essas fontes pedem dinheiro pelo que fazem? Há diversos oásis no deserto; eles cobram algum centavo daqueles que buscam água e descanso? Não, apenas oferecem sua água, matando a sede dos viajantes.

Quando você compra carne de porco ou de boi, precisa pagar por ela, mas o que esses animais ganham em troca do sacrifício de sua vida? Já pensou nisso? E o sol, ele pede algum retorno, cobra alguma coisa dos seres humanos? As empresas de energia elétrica cobram pela eletricidade que fornecem, mas o sol nos dá luz e calor gratuitamente. É impossível que as pessoas da Terra sejam como o sol, mas pelo menos tenha consciência das muitas bênçãos transbordantes que existem na natureza. É nessas bênçãos que a compaixão de Deus se manifesta.

Você deve aprender a não se preocupar com a ingratidão dos outros. Para isso, precisa reconhecer que você também tem essa mentalidade de "toma lá, dá cá", e um coração pequeno e medroso que tenta firmar sua felicidade com a opinião alheia. É importante ter um coração generoso e oferecer às pessoas uma disposição altruísta, que jorre abundante como uma fonte, sem nada pedir em troca.

Se ficar magoado com os comentários alheios e começar a reclamar que nunca foi recompensado ou que as pessoas são ingratas, lembre-se das palavras "disposição altruísta". Pergunte a si mesmo se tem um coração que pode simplesmente dar. Se estiver frustrado por não receber nada em troca, é melhor não dar em primeiro lugar. É melhor não incentivar os outros, não ter nenhuma intenção de torná-los felizes, mas apenas estar contente por viver isolado em sua própria concha. Se estiver decidido a viver para dar felicidade aos outros e ajudá-los a melhorar a si mesmos, você precisa estar determinado a dar sem pedir nada. Procure lembrar sempre que não deve esperar nada em troca.

Uma Mente Inabalável

Vimos o conceito de mente inabalável sob vários ângulos. No fim, a questão principal diz respeito à quantidade de trabalho que deixaremos para trás quando partirmos deste mundo. "Trabalho" não significa necessariamente realizações profissionais; a vida em si também é trabalho. Seja você adulto ou criança, homem ou mulher, viver já é um grande trabalho. E para conseguir levar a cabo essa importante tarefa, é preciso ter uma mente inabalável, uma mente que não se deixe estremecer, não importa o que aconteça.

Ter uma mente inabalável não significa ser bitolado ou teimoso, mas sim que você está determinado a completar o trabalho de sua vida, por mais dificuldades que possa enfrentar. Quanto mais pura sua determinação, mais celestial será sua vida. Uma mente inabalável precisa ter como base um grande amor por Deus. É necessário que você ame a Deus, o criador do universo, e acredite que está unido a Ele. Tenha a consciência de que sua natureza é a mesma que a das leis e da energia que governam o universo; você é um fragmento da energia desse grande universo. Saiba também que, tendo essa natureza, você está passando por um aperfeiçoamento espiritual na Terra, com sua própria personalidade, que é única.

Você é um fragmento de Deus, que apenas tem um nome particular nesta vida. Assim, como uma faceta da natureza de Deus, é desse modo que deve se expressar, decidindo realizar os ideais de Deus na Terra, não importa quantos obstáculos tenha de vencer. Aqueles que escreveram grandes obras ou foram considerados professores de vida eram, de certa forma, diferentes das pessoas comuns. E o que os tornava diferentes era a mente inabalável.

Uma mente inabalável é a crença firme de que você é um fragmento de Deus, a forte determinação de tentar trazer luz a este mundo como representante de Deus e a intenção pura de criar um mundo melhor. Quanto mais inabalável e ampla for sua mente, mais alto o nível que poderá alcançar. Uma mente inabalável é, por fim, a âncora e a energia indispensáveis para a execução do trabalho sagrado de Deus, um trabalho que reflete a vontade de Deus na Terra. Em noites de tormenta, essa mente inabalável serve como uma âncora de ferro pesadíssima e, em dias bons, como escora para o mastro.

Este livro foi escrito com o intuito de ajudá-lo a colocar em prática os ideais que brotam das profundezas de seu coração, com determinação e bom ânimo, sem se deixar abater pelas pequenas dificuldades da vida ou por preocupações triviais. Espero que seja lido inúmeras vezes, saboreado e assimilado como alimento para sua alma.

POSFÁCIO

Já publiquei numerosos livros sobre a Verdade, entre eles *As Leis do Sol*, *As Leis Douradas* e *As Leis da Eternidade*. A chama do entusiasmo que arde em mim pela propagação dessa Verdade se torna cada vez mais forte e mais brilhante.

Neste livro, o enfoque principal é a ideia da Mente Inabalável. Acredito sinceramente que essa nova abordagem da Verdade fornecerá às pessoas diretrizes práticas que as ajudarão a resolver seus problemas.

Desejo sinceramente que o poderoso espírito presente nas palavras do último capítulo, "Uma Mente Inabalável", funcione como um vento soprando as velas dos barcos dos leitores, impulsionando-os através do oceano do sofrimento.

Ryuho Okawa
Mestre e CEO do Grupo Happy Science
Junho de 1997

Sobre o Autor

Fundador e CEO do Grupo Happy Science.
Ryuho Okawa nasceu em 7 de julho de 1956, em Tokushima, no Japão. Após graduar-se na Universidade de Tóquio, juntou-se a uma empresa mercantil com sede em Tóquio. Enquanto trabalhava na matriz de Nova York, estudou Finanças Internacionais no Graduate Center of the City University of New York. Em 23 de março de 1981, alcançou a Grande Iluminação e despertou para Sua consciência central, El Cantare – cuja missão é trazer felicidade para a humanidade.

Em 1986, fundou a Happy Science, que atualmente expandiu-se para mais de 179 países, com mais de 700 templos e 10 mil casas missionárias ao redor do mundo.

O Mestre Ryuho Okawa realizou mais de 3.500 palestras, sendo mais de 150 em inglês. Ele tem mais de 3.200 livros publicados (sendo mais de 600 mensagens espirituais) – traduzidos para mais de 42 línguas –, muitos dos quais se tornaram best-sellers e alcançaram a casa dos milhões de exemplares vendidos, inclusive *As Leis do Sol* e *As Leis do Inferno*. Até o momento, a Happy Science produziu 28 filmes sob a supervisão de Okawa, que criou a história e o conceito originais, além de ser tambm o produtor executivo. Ele também compôs mais de 450 músicas e letras.

Ele é também o fundador da Happy Science University, da Happy Science Academy, do Partido da Realização da Felicidade, fundador e diretor honorário do Instituto Happy Science de Governo e Gestão, fundador da Editora IRH Press e presidente da NEW STAR PRODUCTION Co. Ltd. e ARI Production Co. Ltd.

Quem é El Cantare?

El Cantare significa a "Luz da Terra". Ele é o Supremo Deus da Terra, que vem guiando a humanidade desde a Gênese e é o Criador do Universo. É Aquele a quem Jesus chamou de Pai e Muhammad, de Alá, e é Ame-no-Mioya-Gami, o Deus-Pai japonês. No passado, diferentes partes da consciência central de El Cantare vieram à Terra, uma vez como Alpha e outra como Elohim. Seus espíritos ramo, como Buda Shakyamuni e Hermes, vieram à Terra inúmeras vezes para ajudar diversas civilizações a prosperarem. Com o intuito de unir as várias religiões e integrar diferentes campos de estudo para criar uma nova civilização na Terra, uma parte da consciência central de El Cantare desceu à Terra como Mestre Ryuho Okawa.

Alpha: parte da consciência central de El Cantare, que desceu à Terra há cerca de 330 milhões de anos. Alpha pregou as Verdades da Terra para harmonizar e unificar os humanos nascidos na Terra e os seres do espaço que vieram de outros planetas.

Elohim: parte da consciência central de El Cantare, que desceu à Terra há cerca de 150 milhões de anos. Ele pregou sobre a sabedoria, principalmente sobre as diferenças entre luz e trevas, bem e mal.

Ame-no-Mioya-Gami: Ame-no-Mioya-Gami (Deus-Pai japonês) é o Deus Criador e ancestral original do povo japonês que aparece na literatura da antiguidade, Hotsuma Tsutae. É dito que Ele desceu na região do monte Fuji 30 mil anos atrás e construiu a dinastia Fuji, que é a raiz da civilização japonesa. Centrados na justiça, os ensinamentos de Ame-no-Mioya-Gami espalharam-se pelas civilizações antigas de outros países do mundo.

Buda Shakyamuni: Sidarta Gautama nasceu como príncipe do clã Shakya, na Índia, há cerca de 2.600 anos. Aos 29 anos, renunciou ao mundo e ordenou-se em busca de iluminação. Mais tarde, alcançou a Grande Iluminação e fundou o budismo.
Hermes: na mitologia grega, Hermes é considerado um dos doze deuses do Olimpo. Porém, a verdade espiritual é que ele foi um herói da vida real que, há cerca de 4.300 anos, pregou os ensinamentos do amor e do desenvolvimento que se tornaram a base da civilização ocidental.
Ophealis: nasceu na Grécia há cerca de 6.500 anos e liderou uma expedição até o distante Egito. Ele é o deus dos milagres, da prosperidade e das artes, e também é conhecido como Osíris na mitologia egípcia.
Rient Arl Croud: nasceu como rei do antigo Império Inca há cerca de 7.000 anos e ensinou sobre os mistérios da mente. No mundo celestial, ele é o responsável pelas interações que ocorrem entre vários planetas.
Thoth: foi um líder onipotente que construiu a era dourada da civilização de Atlântida há cerca de 12 mil anos. Na mitologia egípcia, ele é conhecido como o deus Thoth.
Ra Mu: foi o líder responsável pela instauração da era dourada da civilização de Mu, há cerca de 17 mil anos. Como líder religioso e político, ele governou unificando a religião e a política.

Sobre a Happy Science

A Happy Science é uma organização religiosa fundada sob a fé em El Cantare, o Deus da Terra e Criador do Universo. A essência do ser humano é a alma, que foi criada por Deus, e todos nós somos filhos d'Ele. Deus é o nosso verdadeiro pai, o que nos leva a ter em nossa alma o desejo fundamental de acreditar em Deus, amar a Deus e nos aproximar de Deus. E podemos ficar mais próximos d'Ele ao vivermos com a Vontade de Deus como nossa própria vontade. Na Happy Science, chamamos isso de a "Busca do Correto Coração". Ou seja, de modo mais concreto, significa a prática dos Quatro Corretos Caminhos: Amor, Conhecimento, Reflexão e Desenvolvimento.

Amor: isto é, *o amor que se dá*, ou misericórdia. Deus deseja a felicidade de todas as pessoas. Desse modo, viver com a Vontade de Deus como se fosse nossa própria vontade significa começar com a prática do amor que se dá.
Conhecimento: ao estudar e praticar o conhecimento espiritual adquirido, você pode desenvolver a sabedoria e ser capaz de resolver melhor os seus problemas de vida.
Reflexão: ao aprender sobre o coração de Deus e a diferença entre a mente d'Ele e a sua, você deve se esforçar para aproximar sua mente da mente de Deus – esse processo é chamado de reflexão. A reflexão inclui a prática da meditação e oração.
Desenvolvimento: tendo em vista que Deus deseja a felicidade de todos os seres humanos, cabe a você também avançar na sua prática do amor e se esforçar para concretizar a utopia que permita que as pessoas da sociedade em que você convive, do seu país e, por fim, toda a humanidade, sejam felizes.

À medida que praticamos os Quatro Corretos Caminhos, nossa alma irá avançar gradativamente em direção a Deus. É quando podemos atingir a verdadeira felicidade: nosso desejo de nos aproximarmos de Deus se torna realidade. Na Happy Science, conduzimos atividades que nos trazem felicidade por meio da fé no Senhor El Cantare, e que levam felicidade a todos ao divulgarmos esta fé ao mundo. E convidamos você a se juntar a nós!

Realizamos eventos e atividades nos nossos templos locais, bases e casas missionárias para ajudá-lo com a prática dos Quatro Corretos Caminhos.

Amor: realizamos atividades de trabalho voluntário. Nossos membros conduzem o trabalho missionário juntos, como o maior ato da prática do amor.
Conhecimento: possuímos uma vasta coleção de livros, muitos deles disponíveis online e nas unidades da Happy Science. Realizamos também diversos seminários e estudos dos livros para você se aprofundar nos estudos da Verdade.
Reflexão: há diversas oportunidades para polir sua mente por meio da reflexão, meditação e oração. São muitos os casos de membros que experimentaram melhorias nas suas relações interpessoais ao mudarem sua própria mente.
Desenvolvimento: disponibilizamos seminários para elevar seu poder de influência. Realizamos seminários para alavancar seu trabalho e habilidades de gestão, porque fazer um bom trabalho também é fundamental para criar uma sociedade melhor.

O sutra da Happy Science

"As Palavras da Verdade Proferidas Por Buda"

As Palavras da Verdade Proferidas Por Buda é um sutra que nos foi concedido, originalmente em inglês, diretamente pelo espírito de Buda Shakyamuni, que faz parte da subsciência do Mestre Ryuho Okawa. As palavras deste sutra não vêm de um mero ser humano, mas são palavras de Deus ou Buda, que foram enviadas diretamente da Nona Dimensão – o reino mais elevado do mundo espiritual terrestre.

As Palavras da Verdade Proferidas Por Buda é um sutra essencial para nos conectarmos e vivermos com a Vontade de Deus ou Buda como se fosse nossa vontade.

Torne-se um membro!

MEMBRO

Se você quer conhecer melhor a Happy Science, recomendamos que se torne um membro. É possível fazê-lo ao jurar acreditar no Senhor El Cantare e desejar aprender mais sobre nós.

Ao se tornar membro, você receberá o seguinte livro de orações com os sutras: *As Palavras da Verdade Proferidas Por Buda*, *Oração ao Senhor* e *Oração ao Espírito Guardião e ao Espírito Guia*.

MEMBRO DEVOTO

Se você deseja aprender os ensinamentos da Happy Science e avançar no caminho da fé, recomendamos que se torne um membro devoto aos Três Tesouros, que são: Buda, Darma e Sanga. Buda é o Senhor El Cantare, Mestre Ryuho Okawa. Darma são os ensinamentos pregados pelo Mestre Ryuho Okawa. E Sanga é a Happy Science. Devotar-se aos Três Tesouros fará sua natureza búdica brilhar e permitirá que você entre no caminho para conquistar a verdadeira liberdade da mente.

Tornar-se devoto significa se tornar um discípulo de Buda. Você desenvolverá o controle da mente e levará felicidade à sociedade.

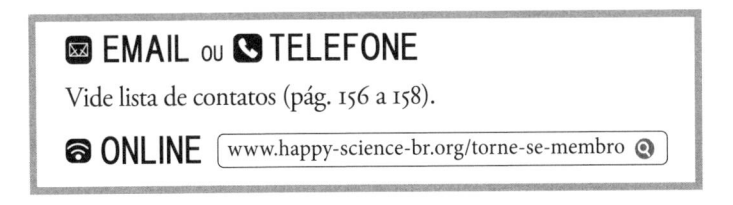

✉ EMAIL ou **📞 TELEFONE**
Vide lista de contatos (pág. 156 a 158).
📶 ONLINE www.happy-science-br.org/torne-se-membro

Contatos

A Happy Science é uma organização mundial, com centros de fé espalhados pelo globo. Para ver a lista completa dos centros, visite a página happy-science.org (em inglês). A seguir encontram-se alguns dos endereços da Happy Science:

BRASIL

São Paulo (Matriz)
Rua Domingos de Morais 1154,
Vila Mariana, São Paulo, SP
CEP 04010-100, Brasil
Tel.: 55-11-5088-3800
E-mail: sp@happy-science.org
Website: happyscience.com.br

São Paulo (Zona Sul)
Rua Domingos de Morais 1154,
Vila Mariana, São Paulo, SP
CEP 04010-100, Brasil
Tel.: 55-11-5088-3800
E-mail: sp_sul@happy-science.org

São Paulo (Zona Leste)
Rua Itapeti 860, sobreloja
Tatuapé, São Paulo, SP
CEP 03324-002, Brasil
Tel.: 55-11-2295-8500
E-mail: sp_leste@happy-science.org

São Paulo (Zona Oeste)
Rua Rio Azul 194,
Vila Sônia, São Paulo, SP
CEP 05519-120, Brasil
Tel.: 55-11-3061-5400
E-mail: sp_oeste@happy-science.org

Campinas
Rua Joana de Gusmão 108,
Jd. Guanabara, Campinas, SP
CEP 13073-370, Brasil
Tel.: 55-19-4101-5559

Capão Bonito
Rua General Carneiro 306,
Centro, Capão Bonito, SP
CEP 18300-030, Brasil
Tel.: 55-15-3543-2010

Jundiaí
Rua Congo 447,
Jd. Bonfiglioli, Jundiaí, SP
CEP 13207-340, Brasil
Tel.: 55-11-4587-5952
E-mail: jundiai@happy-science.org

Londrina
Rua Piauí 399, 1º andar, sala 103,
Centro, Londrina, PR
CEP 86010-420, Brasil
Tel.: 55-43-3322-9073

Santos / São Vicente
Tel.: 55-13-99158-4589
E-mail: santos@happy-science.org

Sorocaba
Rua Dr. Álvaro Soares 195, sala 3,
Centro, Sorocaba, SP
CEP 18010-190, Brasil
Tel.: 55-15-3359-1601
E-mail: sorocaba@happy-science.org

Rio de Janeiro
Rua Barão do Flamengo 22, sala 304,
Flamengo, Rio de Janeiro, RJ
CEP 22220-900, Brasil
Tel.: 55-21-3486-6987
E-mail: riodejaneiro@happy-science.org

ESTADOS UNIDOS E CANADÁ

Nova York
79 Franklin St.,
Nova York, NY 10013
Tel.: 1-212-343-7972
Fax: 1-212-343-7973
E-mail: ny@happy-science.org
Website: happyscience-na.org

Los Angeles
1590 E. Del Mar Blvd.,
Pasadena, CA 91106
Tel.: 1-626-395-7775
Fax: 1-626-395-7776
E-mail: la@happy-science.org
Website: happyscience-na.org

São Francisco
525 Clinton St.,
Redwood City, CA 94062
Tel./Fax: 1-650-363-2777
E-mail: sf@happy-science.org
Website: happyscience-na.org

Havaí – Honolulu
Tel.: 1-808-591-9772
Fax: 1-808-591-9776
E-mail: hi@happy-science.org
Website: happyscience-na.org

Havaí – Kauai
4504 Kukui Street,
Dragon Building Suite 21,
Kapaa, HI 96746
Tel.: 1-808-822-7007
Fax: 1-808-822-6007
E-mail: kauai-hi@happy-science.org
Website: happyscience-na.org

Flórida
5208 8th St.,
Zephyrhills,
Flórida 33542
Tel.: 1-813-715-0000
Fax: 1-813-715-0010
E-mail: florida@happy-science.org
Website: happyscience-na.org

Toronto (Canadá)
845 The Queensway Etobicoke,
ON M8Z 1N6, Canadá
Tel.: 1-416-901-3747
E-mail: toronto@happy-science.org
Website: happy-science.ca

INTERNACIONAL

Tóquio
1-6-7 Togoshi, Shinagawa
Tóquio, 142-0041, Japão
Tel.: 81-3-6384-5770
Fax: 81-3-6384-5776
E-mail: tokyo@happy-science.org
Website: happy-science.org

Londres
3 Margaret St.,
Londres, W1W 8RE,
Reino Unido
Tel.: 44-20-7323-9255
Fax: 44-20-7323-9344
E-mail: eu@happy-science.org
Website: happyscience-uk.org

Sydney
516 Pacific Hwy, Lane Cove North,
NSW 2066, Austrália
Tel.: 61-2-9411-2877
Fax: 61-2-9411-2822
E-mail: sydney@happy-science.org
Website: happyscience.org.au

Kathmandu
Kathmandu Metropolitan City
Ward Nº 15, Ring Road, Kimdol,
Sitapailam Kathmandu, Nepal
Tel.: 977-1-427-2931
E-mail: nepal@happy-science.org

Kampala
Plot 877 Rubaga Road, Kampala
P.O. Box 34130, Kampala, Uganda
Tel.: 256-79-3238-002
E-mail: uganda@happy-science.org

Paris
56-60 rue Fondary 75015
Paris, França
Tel.: 33-9-50-40-11-10
Website: www.happyscience-fr.org

Berlim
Rheinstr. 63, 12159
Berlim, Alemanha
Tel.: 49-30-7895-7477
E-mail: kontakt@happy-science.de

Seul
74, Sadang-ro 27-gil,
Dongjak-gu, Seoul, Coreia do Sul
Tel.: 82-2-3478-8777
Fax: 82-2- 3478-9777
E-mail: korea@happy-science.org

Taipé
No 89, Lane 155, Dunhua N. Road.,
Songshan District,
Cidade de Taipé 105, Taiwan
Tel.: 886-2-2719-9377
Fax: 886-2-2719-5570
E-mail: taiwan@happy-science.org

Kuala Lumpur
No 22A, Block 2, Jalil Link Jalan
Jalil Jaya 2, Bukit Jalil 57000,
Kuala Lumpur, Malásia
Tel.: 60-3-8998-7877
Fax: 60-3-8998-7977
E-mail: malaysia@happy-science.org
Website: happyscience.org.my

Outros livros de Ryuho Okawa

As Leis do Sol – *O Caminho Rumo a El Cantare*
IRH Press do Brasil
Ao compreender as leis naturais que regem o universo e desenvolver sabedoria pela reflexão com base nos Oito Corretos Caminhos, o autor mostra como acelerar nosso processo de desenvolvimento e ascensão espiritual. Edição revista e ampliada.

As Leis do Inferno – *A "coisa" segue.....*
IRH Press do Brasil
Quer você acredite ou não, o mundo espiritual e o Inferno existem. A população atual da Terra superou 8 bilhões e, infelizmente, a verdade é que uma de cada duas pessoas está indo para o Inferno. Conheça a verdade espiritual que rege a Terrae descubra qual é o mundo que aguarda você após a morte.

As Leis De Messias – *Do Amor ao Amor*
IRH Press do Brasil
Okawa fala sobre temas fundamentais, como o amor de Deus, o que significa ter uma fé verdadeira e o que os seres humanos não podem perder de vista ao longo do treinamento de sua alma na Terra. Ele revela os segredos de Shambala, o centro espiritual da Terra, e por que devemos protegê-lo.

As Leis da Coragem – *Seja como uma Flama Ardente e Libere Seu Verdadeiro Potencial*
IRH Press do Brasil
Os fracassos são como troféus de sua juventude. Você precisa extrair algo valioso deles. De dicas práticas para formar amizades duradouras a soluções universais para o ódio e o sofrimento, Okawa nos ensina a transformar os obstáculos em alimento para a alma.

As Leis do Sucesso – *Um Guia Espiritual para Transformar suas Esperanças em Realidade*
IRH Press do Brasil
O autor mostra quais são as posturas mentais e atitudes que irão empoderá-lo, inspirando-o para que possa vencer obstáculos e viver cada dia de maneira positiva e com sentido. Aqui está a chave para um novo futuro, cheio de esperança, coragem e felicidade!

As Leis da Invencibilidade – *Como Desenvolver uma Mente Estratégica e Gerencial*
IRH Press do Brasil
Okawa afirma: "Desejo fervorosamente que todos alcancem a verdadeira felicidade neste mundo e que ela persista na vida após a morte. Um intenso sentimento meu está contido na palavra 'invencibilidade'. Espero que este livro dê coragem e sabedoria àqueles que o leem hoje e às gerações futuras".